ITINÉRAIRE DESCRIPTIF,

OU

DESCRIPTION ROUTIÈRE,

GÉOGRAPHIQUE, HISTORIQUE ET PITTORESQUE

DE LA FRANCE ET DE L'ITALIE.

IMPRIMERIE DE FLEURIOT, AU MANS (Sarthe).

ITINÉRAIRE DESCRIPTIF,

OU

DESCRIPTION ROUTIÈRE,

GÉOGRAPHIQUE, HISTORIQUE ET PITTORESQUE

DE LA FRANCE ET DE L'ITALIE.

●▬●〉●●〉●●〉●●〉●●〉●●●〉●●〉〉●●〉〉●●〉〉●●〉●●〉〉●

ROUTES DE PARIS A VERSAILLES.

VILLE, CHATEAU ET PARC DE VERSAILLES.

PAR VAYSSE DE VILLIERS, Inspecteur des Postes,
Associé-Correspondant des Académies de Dijon, de Turin
et du Mans, Membre de celle des Arcades de Rome.

Prix, 3 fr. 50 c. avec le plan.

A PARIS,

Chez POTEY, Libraire de S. A. R. MONSEIGNEUR DUC
▬▬▬▬▬▬▬ rue du Bac, N.º 46.

1833

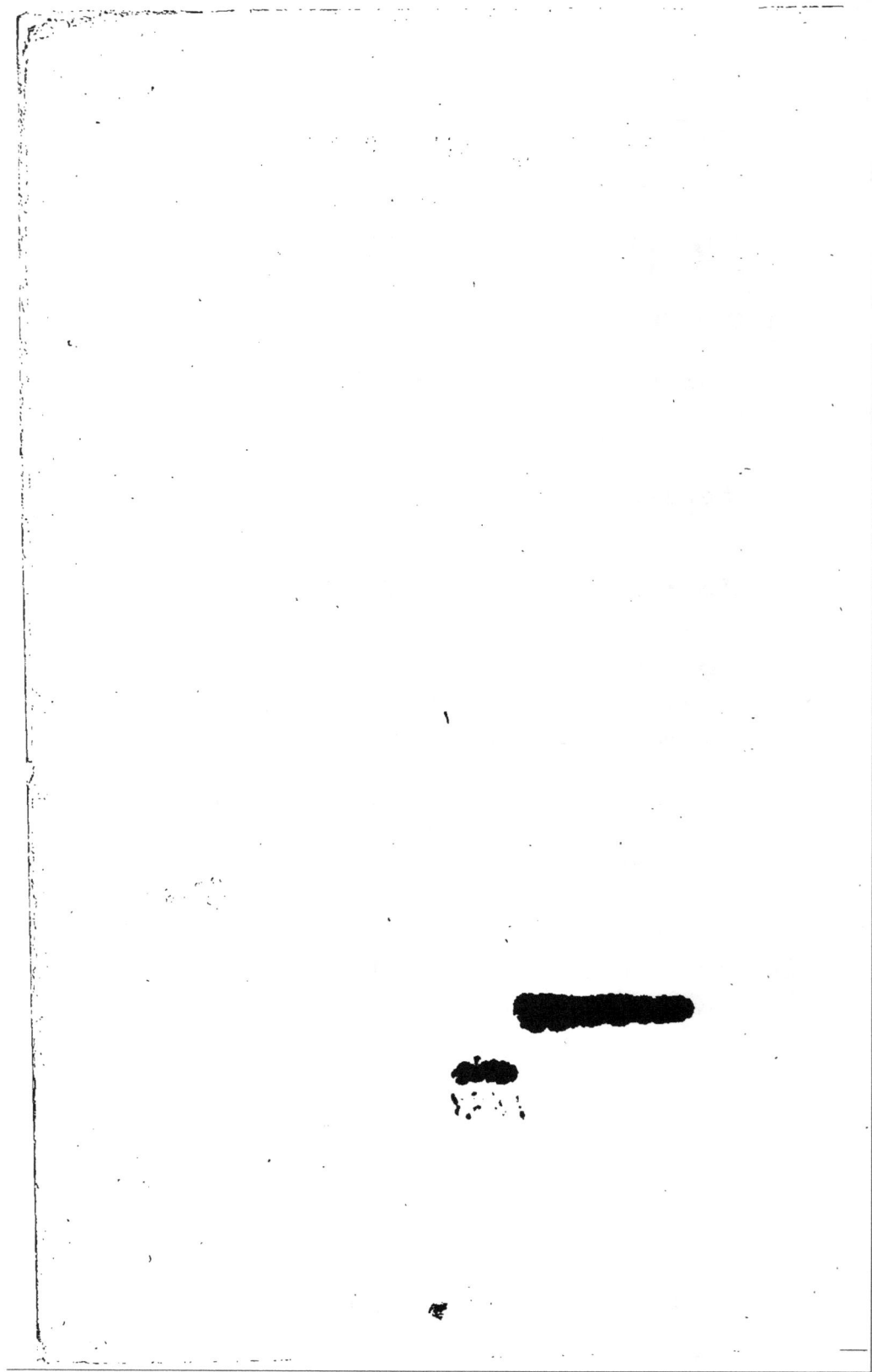

ITINÉRAIRE DESCRIPTIF,

OU

DESCRIPTION ROUTIÈRE.

GÉOGRAPHIQUE, HISTORIQUE ET PITTORESQUE

DE LA FRANCE ET DE L'ITALIE.

~~~~~~~~~~~~~~~~~~~~~~~~~~~~~~~~~~~~~

ROUTES DE PARIS A VERSAILLES,

Par Sèvres,

4 lieues et demie.

———————

La route de Paris à Versailles , qui est en même tems et la plus intéressante et la plus fréquentée de France , se trouve décrite avec détail dans notre volume consacré à celles de Paris à Bordeaux , dont elle fait partie , et nous n'avons pas manqué d'instruire nos lecteurs que , jusqu'à Sèvres , ils ont à choisir entre deux directions , l'une sur la rive droite , l'autre sur la rive gauche de la Seine.

En les leur faisant connaître toutes deux avec

le même soin, quoique cette dernière ne soit guère foulée que par quelques voitures particulières du faubourg Saint-Germain, nous n'avons point parlé d'une deuxième route, très-peu suivie, de Paris à Versailles, par Saint-Cloud et Ville-d'Avray, ni d'une troisième, encore moins fréquentée, connue sous le nom de *haute route de Versailles*, par Châtillon.

Quelque agréable que soit la première et la principale des trois, que nous avons vue élevée en terrasse sur la rive droite de la Seine jusqu'à Sèvres, et dominée en amphithéâtre par les maisons de plaisance et les jardins d'agrément de Chaillot et de Passy (page 75 des routes de Paris à Bordeaux), quelque animée qu'elle soit par le grand nombre de châteaux et d'habitations champêtres, de parcs et de bosquets qui s'y montrent sans discontinuer, à droite et à gauche, tantôt alternativement, tantôt simultanément, ainsi que par le mouvement perpétuel des voitures de toute espèce qui s'y croisent et s'y succèdent à chaque instant ; quelque charme enfin que lui procure la perspective des côteaux verdoyans et variés de Meudon, Sèvres et Saint-Cloud, qui, se déroulant en long fer à cheval aux yeux enchantés du voyageur, paraissent s'embellir à mesure qu'il ap-

proche ; la deuxième route traversant des contrées tout aussi pittoresques et plus bocagères ,
n'est point sans intérêt pour une certaine classe
d'amateurs.

Si la première , qui semble en quelque sorte
une continuation et comme un faubourg de
Paris , participe du mouvement de cette capitale , l'autre offre , au lieu de ce genre d'agrément, celui de la solitude , et cette solitude
est celle des bois. Ce sont les parcs de Saint-
Cloud et de Versailles , séparés entre eux par
les bois de Ville-d'Avray , village rempli de
maisons de compagne , dont la situation fraîche
forme le véritable charme, et dont la description détaillée ne peut convenir qu'aux obser-
vateurs de profession , qui vont d'un lieu à
l'autre , soit dans leur voiture particulière, soit
à pied , véritable manière de visiter avec fruit
les environs de Paris. Nous les renverrons à
notre volume déjà cité , et, pour de plus amples
détails, aux nombreuses descriptions des environs de Paris. Cette route silencieuse , comme
la contrée qu'elle parcourt , est entrecoupée de
montées et de descentes rapides et nombreuses,
qui la rendent aussi difficile que cette cause la
rend solitaire.

Quant à la troisième , la plus roulante des

trois, comme la moins montueuse, elle est absolument dénuée d'intérêt; c'est une continuité de champs monotones et peu fertiles, depuis la barrière d'Enfer à Paris, jusqu'au parc qui précède d'un quart de lieue celle du Petit-Montreuil à Versailles. Elle ne traverse d'autre bois que cette portion du parc de Versailles, ni d'autre village que celui de Châtillon, situé à une lieue de Paris, peuplé de 800 habitans, et moins remarquable par ses vignobles et ses maisons de campagnes, que par ses carrières de pierre de liais, de pierre à plâtre et de pierre à chaux.

On se demande avec surprise pourquoi cette route n'est pas aussi large dans la première lieue que dans le reste du trajet; on se demande aussi pourquoi elle est, dans toute sa longueur, aussi peu fréquentée que la précédente, quoique ce soit, sans contredit, la plus directe de Paris à Versailles, pour toute la partie du faubourg S.t-Germain qui forme les quartiers du Luxembourg et de la Sorbonne, ainsi que pour tout le faubourg Saint-Jacques. On apprend qu'elle est réputée plus longue; je me suis demandé encore ce qui a pu lui faire cette réputation, en voyant que je n'ai employé qu'une heure et demie, au train ordinaire de la poste, depuis la barrière d'Enfer jusqu'à celle du Petit-Montreuil. Cette route joint, vers le milieu de la distance, celle de Paris à Choisy, et les deux n'en font plus qu'une depuis l'embranchement jusqu'à Versailles. Nous ne lui devons pas plus de détails qu'aux deux autres; mais quand bien même on voudrait en prolonger la description, nous avons vu qu'elle ne fournit pas matière.

Destinant spécialement cette portion de notre ouvrage à la foule des curieux qui partent journellement de la capitale pour visiter Versailles, nous avons été obligés de nous conformer à la marche rapide des voitures publiques qui les entraînent vers le but de leur excursion, sans leur laisser le temps ni de nous lire, ni de s'arrêter en route : celui qu'ils mettraient à parcourir nos pages, serait perdu pour tout ce qui réclame sans cesse leur attention, dans cet intéressant et court trajet ; ils ne doivent avoir des yeux que pour contempler un horizon dont les rians aspects fuient et varient à chaque instant, et non pour feuilleter des livres, qui, quelque analogues qu'ils puissent être à ces divers objets, sont plus propres à les distraire qu'à les aider dans leurs observations.

L'étranger trouvera toujours, dans ses compagnons de voyage, des indicateurs empressés à lui faire connaître les noms des lieux et des édifices qui captiveront ses regards ; et lorsqu'il voudra les visiter à leur tour, il devra leur consacrer au moins une journée entière, en se munissant de notre volume déjà cité. Aujourd'hui il ne doit s'occuper, nous ne l'occuperons nous-mêmes que de Versailles, dont nous ne lui avons donné qu'un simple aperçu dans ce précédent volume ; et ce ne sera pas assez de toute une journée, s'il ne veut rien laisser à voir ; il lui en faut au moins trois : la première consacrée à la ville, la seconde au château, la troisième au parc. C'est ainsi que nous diviserons le chapitre suivant.

DESCRIPTION

DE LA VILLE, DU CHATEAU ET DU PARC

DE VERSAILLES.

PREMIÈRE JOURNÉE.

VILLE DE VERSAILLES.

LA plupart des villes et des châteaux s'annoncent par de longues avenues qui les offrent
de loin aux regards empressés du voyageur.
L'avenue de Versailles, au lieu de lui présenter
l'aspect de cette cité, semble au contraire la
lui cacher, pendant quelque temps, comme pour
mieux ménager sa surprise ; elle n'y arrive qu'a-
près avoir tourné deux fois à droite, en laissant à gauche, d'abord un premier alignement
dirigé vers Viroflai (1) ; puis un second qui,

(1) Village connu par ses fêtes, et but fréquent de
promenade pour les habitans de Versailles ; il est à
une demi-lieue de cette ville. C'est la paroisse d'où
dépend le hameau de ce nom, qu'on traverse en arrivant de Paris.

partant du château, va se perdre au milieu des
bois dont est entourée et dominée, de tous les
côtés, la ville de Louis XIV.

Ce dernier alignement, qui ne se prolonge
ainsi que pour le point de vue, et ne commence
réellement, pour les voyageurs, que peu de
tems après qu'ils ont passé la barrière, forme
la grande avenue du château : cette avenue, qui
ne commence elle-même qu'avec la ville, en
la traversant de l'est à l'ouest, et la séparant en
deux parties à peu près égales, savoir le
quartier Saint-Louis ou le *Vieux-Versailles*
à gauche, le *quartier Notre-Dame* ou *la Ville-
Neuve* à droite, n'a pas un quart de lieue de
long ; encore cette longueur est-elle partagée,
vers le milieu, par une butte qui ne laisse bien
voir le château qu'après qu'elle est franchie.
Jusque-là on n'en distingue d'abord que les
parties supérieures, après quoi les divers étages
se découvrent successivement jusqu'au rez de
chaussée, comme se montrent, dans le lointain,
les vaisseaux en mer, d'abord par le haut des
mâts, ensuite par les voiles, enfin par le pont
et le corps du bâtiment. Il eût été si facile de
faire disparaître cette élévation, qu'on ne peut
en expliquer le maintien, sinon par le motif
déjà présumé de ménager davantage au voya-

geur le plaisir de la surprise, en piquant plus long-tems sa curiosité. Quant à nous qui désirons la satisfaire en tous points, nous avons éprouvé un véritable déplaisir, tant pour nos lecteurs que pour nous-mêmes, en voyant une légère inégalité de terrain couper ainsi la perspective du château, qu'on aimerait, qu'on s'attendrait même à voir entièrement, du point où l'avenue commence à s'aligner.

En face du coude qu'elle décrit, on remarque, à droite, un long mur de clôture qui enferme un vaste parc et fait soupçonner une habitation d'un ordre supérieur. C'était jadis la maison de plaisance de Madame Elisabeth, que sa naissance royale et sa vertu céleste conduisirent sur l'échafaud où fumait encore le sang de son vertueux frère.

Les terrasses dont on longe les murs du même côté, peu de temps après, laissent entrevoir quelques portions de jardin qui font regretter les parties qu'on n'en voit pas. Ce jardin et l'hôtel qui est à la suite furent long-tems le séjour de Madame Du Barry, cette célèbre courtisane, qui disait à Louis XV : *La France, ton café f... le camp ;* et disait de Louis XVI, dont un des premiers actes, en montant sur le trône, fut de la reléguer à l'abbaye de Pontaux-Dames : *Le beau f.... règne, qui commence par une lettre de cachet !*

Cet hôtel fut consacré, peu de temps après, aux écuries de Monsieur, aujourd'hui Louis XVIII ; et ces écuries sont devenues, depuis la restauration, celles des gardes-du-corps de la compagnie de Noailles, logés eux-mêmes dans les appartemens de l'hôtel.

Le côté opposé de l'avenue n'offre, comme celui-là, que des maisons inégales de forme et de grandeur. On s'étonne de compter au nombre des moins apparentes l'hôtel des Menus-Plaisirs. Il sert aujourd'hui de succursale à celui des gardes-du-corps. La salle qu'y fit construire Louis XVI, pour les états-généraux, est entièrement démolie.

En général, les façades des deux côtés de l'avenue offrent, avec beaucoup de disparate, peu de noblesse et point d'élégance : ce dernier genre de mérite est étranger à la grande avenue de Versailles, où tout est sérieux et presque austère. La régularité ne commence, de part et d'autre, qu'aux deux hôtels du *grand-veneur* et du *grand-maître*, dont les deux portes se font face, l'une à droite, l'autre à gauche.

Le premier portait, avec les autres bâtimens et les cours qui en dépendent, le nom vulgaire de *chenil*, parce que c'est là qu'étaient logés, outre le grand-veneur, qui occupait l'édifice principal, les gentilshommes de la vénerie, les piqueurs, les palefreniers et les chevaux de chasse, les valets de chiens et les chiens euxmêmes. L'édifice principal est aujourd'hui consacré aux tribunaux de première Instance et de Commerce. Les bâtimens secondaires ont conservé leur ancienne destination.

L'hôtel du Grand-Maître portait ce nom, parce que c'était l'habitation du grand-maître de la maison du Roi, dont le dernier a été le prince de Condé, ce vénérable général des émigrés, mort à Paris de nos jours. Cédé par Louis XVI, en 1788, à la ville, pour y établir sa municipalité, l'hôtel du grand-maître, désigné toujours sous ce nom par les auteurs, n'est autre chose aujourd'hui que l'hôtel de ville de Versailles.

On regrette que ces deux édifices, uniformément bâtis et couverts à l'italienne, n'aient pas été placés sur l'avenue même, vis à vis l'un de l'autre, au lieu d'être tournés, comme ils l'ont été, vers l'ouest, et placés, sur une ligne parallèle, dans l'intérieur d'un enclos, où ils étaient à peine remarqués des passans. Nonobstant leur fausse position, une heureuse idée du maire

actuel (M. le marquis de Lalonde) va les faire
contribuer à la décoration de la ville, par une
magnifique percée, qui, coupant l'avenue à angles droits, longera les deux larges perrons formant l'entrée de ces deux hôtels, ainsi que les
deux hautes terrasses occupant le devant des
deux façades, et joindra la rue Royale, qui traverse, dans la direction du nord au sud, tout
le vieux Versailles, à la rue du Plessis, qui
traverse dans la même direction toute la ville
neuve. Cette réunion, déjà exécutée à moitié,
formera, si elle s'achève (1), la plus longue et la
plus belle rue de la plus belle ville de France (2).

La nouvelle rue contribuera d'autant plus
à l'embellissement de l'avenue de Paris, qu'elle

---

(1) Et si les deux rues sont sur la même ligne,
ce qui devient douteux, d'après le nouveau plan de
M. Piquet.

(2) Lorsque nous avons signalé ailleurs, comme la
plus belle ville, celle de Marseille, et comme la plus
jolie, celle de Nancy, nous entendions mettre hors de
ligne Versailles, que son château royal, dont elle
n'est en quelque manière que l'accessoire, semble élever au-dessus de toute comparaison. Eh! quel parallèle à faire entre des villes qui se ressemblent si peu,
ayant chacune leur genre de mérite particulier! Quant
aux rues, la plus belle de Versailles ne saurait être
comparée à la rue du *Cours*, qui est le principal ornement de Marseille, et la plus belle rue du Monde.

aura mis en évidence les deux hôtels dont on vient de parler, hôtels qu'on s'étonne aujourd'hui de compter au nombre des plus remarquables de la ville, quoiqu'ils n'offrent, en les examinant bien, aucun ornement, aucun ordre d'architecture, ni aucun autre mérite que leur comble à l'italienne.

L'inscription d'un établissement de bains publics, qui fixe bientôt après, à gauche, les regards du voyageur, lui apprend, en passant, qu'il peut prendre à Versailles des bains minéraux de tous les pays du monde (1).

Les longs et monotones bâtimens qui bordent des deux côtés et terminent cette avenue, vers la Place d'Armes, sont les ailes en arrière des grandes et petites écuries du Roi, dont les grilles donnent sur la place vis-à-vis du château.

Mais nous ne songeons peut-être pas assez,

_____

(1) Avec de l'attention, il a pu voir du même côté, dans un enfoncement, peu avant l'hôtel de ville, l'entrée d'un autre établissement de la même nature, mais d'un ordre supérieur, tenu par le docteur Lesage, qui l'a mis sur le meilleur pied, et en a fait une véritable maison sanitaire, où il administre les bains, les douches et les vapeurs, sous tous les noms possibles et sous toutes les modifications, comme à Tivoli.

en décrivant l'avenue qui nous conduit à cette célèbre maison royale, que nous l'avons nous-mêmes en face, depuis long-tems, et que l'impatience du voyageur ne lui permet guère de prêter son attention aux détails dans lesquels nous venons d'entrer, suivant notre usage, sur les édifices que nous avons longés à droite et à gauche. Nous croyons néanmoins devoir tenir encore en suspens sa curiosité, afin de mieux la satisfaire, en terminant la description de la ville, avant d'entreprendre celle du château et du parc, ordre successif qui doit lui ménager cette progression croissante d'intérêt, observée constamment dans toutes nos descriptions, et comme nous en faisons trois articles séparés, il pourra, s'il est pressé de jouir, en intervertir l'ordre à sa guise.

Nous ne quitterons pas cette avenue, composée de quatre rangs d'ormes formant trois allées, sans lui donner un dernier coup d'œil. Tous les auteurs en ont proclamé, nous en avons proclamé nous-mêmes la magnificence dans notre volume des routes de Paris à Bordeaux (page 98).

Il est pourtant vrai de dire qu'elle n'est magnifique que de sa largeur, tellement mesurée sur la longueur de la façade du vieux château de

Louis XIII, qu'en parcourant l'allée du milieu,
qui consiste en un pavé et deux larges accote-
mens, faisant en tout 25 toises, on découvre
en plain tout le développement de cette façade,
en même temps que des deux allées de côté,
larges de 10 toises chacune, l'œil n'embrasse
que la colonnade corinthienne dont se composent les deux portiques avancés des ailes
latérales, construites, l'une sous Louis XV et
Louis XVI, l'autre sous Louis XVIII.

Pour produire cet heureux effet, il n'a pas
fallu moins que la largeur extraordinaire de la
grande avenue : toutefois cette prodigieuse largeur formant un total de 45 toises, qui exigerait
une longueur également prodigieuse, nous paraît, sous ce rapport, excéder les proportions
naturelles, deuxième défaut de cette avenue,
dont le premier est le dos-d'âne que nous avons
déjà vu en couper la perspective. Nous avons vu
aussi qu'elle n'est bordée que d'édifices ordinaires et dépourvus de régularité ; enfin, les arbres antiques qui jadis contribuaient si heureusement à la majesté de cette avenue, ont fait
place à des arbres inégaux et rabougris, qui la
déparent actuellement, au lieu de l'embellir.
Telle est, avec toutes ses beautés et tous ses
défauts, la grande avenue du château de Ver-

sailles ; beautés partout justement prônées ;
défauts tout-à-fait inaperçus jusqu'ici , ou du
moins passés sous silence par les auteurs qui
nous ont précédés.

Les deux avenues de Sceaux et de St.-Cloud,
qui viennent obliquement, l'une à droite, l'autre
à gauche , aboutir avec celle de Paris, à la Place
d'Armes , n'ont ni les mêmes beautés , ni les
mêmes défauts. Loin de présenter avec avantage
la façade du château , elles n'en offrent, au contraire , que de fausses perspectives ; mais, bien
moins larges que celle de Paris , ces deux avenues se trouvent proportionnées , sous ce rapport , avec leur longueur. En outre , les maisons
qui les bordent sont plus agréables , et les ormes
qui les ombragent , plus grands, plus touffus et
surtout mieux soignés.

Avenue
de Sceaux.

On peut dire seulement de l'une d'elles, celle
de Sceaux , que ce n'est pas une avenue , puisqu'elle ne conduit ni à Sceaux , ni nulle part
ailleurs qu'à une fontaine et un abreuvoir, où
les voyageurs , arrêtés par un parapet qui les
garantit de se jeter dans l'eau , en suivant la direction de l'avenue , demeurent incertains s'ils
doivent tourner à droite ou à gauche, en voyant,
de chaque côté, des rues dont la direction forme,
avec celle qu'ils ont suivie jusque-là, une véritable équerre. Il est bon de les prévenir que c'est la

dernière rue à gauche (celle de Noailles) qu'ils ont à prendre, en tournant tout-à-fait à angle droit, pour aller gagner celle du Grand-Chantier, qui, s'embranchant, non loin de l'hôtel de ville, à l'avenue de Paris, forme réellement celle de Sceaux; car, dans l'état actuel, personne ne prend l'avenue qui conduit à l'abreuvoir ; elle n'est considérée que comme une promenade.

Cet abreuvoir est un bassin rond, construit en pierres de taille, l'an 1810, par les *édiles* de la ville de Versailles, comme l'apprend, en grosses lettres et en beau latin, à toutes les générations présentes et futures, une pompeuse inscription qu'on lit sur une plaque de marbre noir, incrustée dans le mur qui s'élève, par derrière, en fer à cheval. Au surplus, si cette avenue est mal nommée, en ce qu'elle ne conduit pas directement à la route de Sceaux, la route elle-même ne doit pas porter ce nom, puisqu'elle ne conduit directement qu'à Choisy, ou bien à Paris, par la haute route sus-mentionnée (p. 5), comme on peut en juger à la simple inspection de la carte des environs de Paris, et non pas à Sceaux, où elle n'arrive que par un petit embranchement de communication, qui a été négligé sur cette même carte, et qui échappe à l'attention du voyageur.

L'avenue de St.-Cloud, la plus fréquentée, la plus animée et la plus belle des trois, est la seule qui nous paraît exempte de critique : elle aboutit à une pate-d'oie, où elle tourne légèrement à gauche, pour prendre, sous le nom d'avenue de Picardie, la direction de St.-Cloud, en laissant à droite la petite route de Paris, par Montreuil, qui se réunit avec la grande, à une demi-lieue de cet embranchement, et abrège de quelque chose les personnes intéressées à partir ou arriver par cette avenue.

Montreuil, ancien village, est aujourd'hui un faubourg de Versailles. On y remarque une belle église paroissiale, sous l'invocation de St.-Symphorien. Elle a été bâtie, en 1770, dans le goût simple et pur des anciens, sur les dessins de M. Trouard. Un portique de huit colonnes toscanes, dont quatre détachées et quatre engagées dans le mur, en forment le frontispice ; vingt colonnes doriques et cannelées en soutiennent la nef.

Dans la chapelle à gauche en entrant, on voit un monument érigé à Madame Trial de Monthion, morte depuis peu, et enterrée dans le cimetière de cette paroisse. Elle est représentée couchée dans un tombeau, se soulevant à la vue d'un ange qui lui apparaît et lui présente une couronne. Ces deux figures, d'une exécution médiocre, sont en marbre blanc; mais ce qui nous a paru plus médiocre encore, est l'inscription qu'on lit au bas, et qui fait révoquer en doute la vertu de la défunte:

Dieu, dans sa clémence infinie,
A pour jamais réglé son sort;
Sans chercher quelle fut sa vie,
Songe à l'inexorable mort;
Et pour elle et pour toi, mortel, arrête et prie (1);

Rétrogradant jusqu'au milieu de l'avenue qui nous a conduits à Montreuil, deux bâtimens y fixeront nos regards; l'un, du côté du midi, présente une façade agréable, quoique d'un style capricieux; c'est un ancien gymnase, aujourd'hui une institution anglaise, tenue par M. Bluck, professeur de Cambridge. L'autre, du côté opposé, est le collége royal de Versailles, construit en 1766, pour une communauté de chanoinesses Augustines, par les bienfaits de la reine Marie Leczinska, femme de Louis XV et fille de Stanislas, roi de Pologne. C'est un bel édifice, dont on ne peut se procurer la vue qu'en s'introduisant dans la vaste cour au fond de laquelle se dérobait aux regards

_____

(1) M.me Trial était une ancienne actrice qui avait épousé un M. de Monthion.

profanes cette maison de vierges. Il ne borde
l'avenue de St.-Cloud que d'une terrasse et
d'une grille, au travers de laquelle on distingue
la jolie chapelle construite par la munificence
de la même reine, sur les dessins de M. Mique.
C'est, en miniature, un vrai chef-d'œuvre de
goût; c'est aussi une idée vraiment heureuse de
l'avoir placée en face de la grille d'entrée, pour
que, si l'éloignement dérobe la vue de la maison, il ne dérobe pas de même l'aspect d'un
aussi précieux monument d'architecture. Il se
présente par un joli vestibule de quatre colonnes
cannelées d'ordre ionique, supportant un fronton triangulaire, dont le tympan renferme un
bas-relief qu'on dit représenter la Foi, l'Espé-
rance et la Charité. Si ces trois figures allégoriques, dont l'une tient une gerbe de blé, une
autre deux enfans à la mamelle, et dont la troisième semble implorer le ciel, sont véritablement celles des trois vertus théologales désignées
par tous les auteurs, l'artiste aurait bien dû
lever les doutes en mettant leurs noms au bas;
car il est difficile de les reconnaître à de pareils
attributs.

Un autre bas-relief qu'on voit dans le vestibule, au-dessus de la porte d'entrée, semble
être la présentation d'une pensionnaire, par
l'abbesse du couvent, à la fondatrice.

Cette église forme, à l'extérieur comme à l'intérieur, une croix grecque des plus élégantes ; la coupole est soutenue par 26 colonnes ioniques comme celles du vestibule, et le pourtour est enrichi de 20 bas-reliefs, très-bien exécutés par Boccardi ; ils représentent l'histoire de la Vierge. Le tout est en pierre blanche, que malheureusement on a badigeonée. L'Assomption peinte au plafond de la coupole, est de Briard, et les pendentifs, de Lagrenée le jeune. On admire surtout la délicatesse et la décroissance graduée des rosaces qui décorent cette coupole autour du plafond. La maison renferme un cabinet d'histoire naturelle et de physique assez bien tenu ; le collége est lui-même un des mieux tenus de France, comme il en est un des plus beaux. Le proviseur qui l'administre en ce moment et depuis plusieurs années, est M. Dubruel, l'un des plus estimables membres de la Chambre des députés.

Les trois avenues que nous venons de décrire sont trois véritables promenades, qui ressemblent tout-à-fait à nos boulevarts de Paris ; il ne leur en manque que le nom, qui a été réservé pour trois autres promenades du même genre, baptisées : *boulevart du Roi, boulevart de la Reine, et boulevart St.-Antoine.*

ulevarts. Tous trois sont plantés, comme les avenues,

de beaux ormes; les deux premiers sont en outre bordés de bâtimens neufs et propres, dont le plus remarquable est l'hospice royal, civil et militaire, situé au coin du boulevart de la Reine et de la rue du Plessis; c'était jadis une de ces léproseries que la sagesse de nos ancêtres avait placées dans l'isolement, pour extirper de nos climats, en lui ôtant toute communication, le fléau de la lèpre, triste conquête des croisés dans l'Orient (1).

Après l'extinction de la lèpre, cette infirmerie continua de subsister comme maison de charité. Louis XV la fit reconstruire, en l'érigeant en hospice royal; Louis XVI fit agrandir cet hospice, d'après les plans d'Arnaudin, et Louis XVIII le fait achever en ce moment par M. Guignet, son architecte. Une fois terminé, ce sera un des beaux hôpitaux de France. On y remarque la chapelle en rotonde, couronnée d'une coupole et couverte en cuivre, que le vert-de-gris ronge, au point qu'on sera sans doute forcé d'y substituer le plomb. Elle occupe le milieu de l'édifice, qui, comme l'observe fort bien le *Cicerone* de Versailles, a la forme d'une H.

_____

(1) Cette précaution eut un plein succès dont nous profitons aujourd'hui, sans y songer, et presque sans nous en douter.

Le troisième boulevart, qui est à la suite du premier, présente, en s'abaissant vers son milieu, un heureux effet d'optique, qui, joint à la nature des lieux, lui donne un ton des plus solitaires. Je l'ai parcouru deux fois sans y rencontrer aucun être vivant, si ce n'est un chien qui, sorti d'une des maisons du hameau St.-Antoine, situé tout-à-fait au bout, me poursuivit assez loin pour me prouver qu'il n'était pas habitué aux passans, et qu'il regardait le terrain que je parcourais comme une dépendance de la maison dont la garde lui était confiée. Depuis la ville jusqu'à ce hameau, qui est à gauche, on ne longe que des murs de jardin : de l'autre côté sont des champs, et une seule mais assez jolie maison bourgeoise.

Si le boulevart du Roi n'offre, quoique fort beau, aucun édifice à citer, la rue du Réservoir, ouverte dans le même alignement, se distingue par une suite de façades aussi nobles qu'élégantes. La première qui se présente est celle du théâtre de la ville, construit en 1777, par Mlle Montansier, sur les dessins de M. Heurtier. Peu apparent extérieurement, il est d'une bonne coupe intérieure et d'une distribution des plus commodes. La façade de l'hôtel de la préfecture (ancien garde-meuble de la couronne), qui suit immédiatement, a plus d'apparence ; bien qu'il ne forme pas de même avant-corps et ne présente aucun ordre d'architecture. Le grand hôtel du Réservoir communiquant au parc, et tenu dans le genre des meilleurs hôtels de Paris, par le sieur Merle, successeur de la veuve Raimbault, contribue encore, par sa façade, à l'embellissement de cette rue. Un peu plus loin, ressort avec majesté, de l'alignement général, la belle salle d'Opéra du château, appuyée contre l'aile septentrionale de cet immense édifice. Enfin, à l'extrémité de la rue, toujours du même côté, s'avance avec grâce, également adossée au château, la jolie chapelle du Roi, dont nous parlerons, ainsi que de l'Opéra, en décrivant le château même.

Avec ses trois avenues et ses trois boulevarts, la ville de Versailles pourrait se vanter d'être riche en promenades. Ces six promenades pourtant ne sont rien pour elle auprès du parc, dont la description doit terminer et couronner en quelque sorte ce tableau.

Quartier Notre Dame ou Ville-Neuve. Les boulevarts sont tous trois, comme l'avenue de St.-Cloud, dans la partie septentrionale de la ville, qui se trouve déjà, par cette raison, en grande partie décrite : c'est la *Ville-Neuve*, ou le *quartier Notre-Dame*, nom qui lui vient de son église paroissiale.

Cette église, si elle n'est que la seconde de Versailles par sa grandeur et son architecture, en est la première par son origine qui se confond avec celle du château. Louis XIV en posa la première pierre en 1684 ; elle fut terminée en 1686. On est surpris d'apprendre que Jules Hardouin-Mansard en a été l'architecte, d'après le mauvais goût du frontispice et surtout d'après les deux campanilles qui en occupent les deux angles, sans s'élever à la hauteur du fronton qui couronne le milieu. L'art et la nature veulent impérieusement que les tours dominent les édifices dont elles font partie, au lieu d'en être dominées ; mais n'oublions pas que cette singularité du portail de Notre-Dame est du célèbre Mansard, qui connaissait mieux que personne les lois de l'art et celles de la nature. A ce nom recommandable, la critique expire ; Mansard n'a pu pécher par ignorance ; il a eu, sans doute, des motifs puissans qu'il nous donnerait lui-même, s'il vivait encore : respectons-les sans les connaître, respectons les grands hommes jusque dans leurs erreurs apparentes ou réelles.

L'intérieur offre, dans un vaisseau de médiocre étendue, un style dorique assez agréable en pilastres cannelés. Le maître-autel est décoré de quatre colonnes corynthiennes en marbre de Rance, et d'un bon tableau représentant l'Assomption, par Michel Corneille. On remarque avec curiosité, aux croisées du chevet, les tableaux transparens qui tiennent lieu de vitraux ; ils sont analogues aux meilleurs de nos Rois, St. Louis, Henri IV, Louis XVI et Louis XVIII.

Dans la deuxième chapelle, à gauche en entrant, on voit un cénotaphe érigé par la piété filiale, à la mémoire de M. le comte de Vergennes, ancien ministre et ambassadeur sous Louis XVI, comme l'apprend une inscription gravée sur un socle de marbre noir qui est au-dessous. Ce monument, exécuté en 1798, par le sculpteur Blaise, n'a été placé qu'en 1818 ; il consiste en un sarcophage de marbre portor, surmonté d'un génie qui pleure, en tenant un médaillon de marbre blanc, où l'artiste a représenté en bas-relief le portrait du ministre. Le tout est appuyé contre un obélisque en marbre bleu-turquin incrusté dans le mur. Ce monument nous paraît, en prouvant que le talent n'est pas toujours célèbre, placer au rang de nos plus habiles sculpteurs l'obscur M. Blaise, que sa modestie a seule empêché, sans doute, de voir son nom inscrit avec honneur dans les annales des arts.

Non loin de cette église, dans la rue de la Pompe, sont les écuries de la Reine, aujourd'hui de LL. AA. RR. le duc et la duchesse d'Angoulême, et tout à côté, dans un ancien hôtel du maréchal de Noailles, *le petit Séminaire*, ainsi nommé parce que les élèves qu'on y prend dès l'enfance, comme dans toutes les autres maisons d'éducation, sont spécialement destinés à la prêtrise : c'est assez dire que l'éducation y est plus religieuse qu'ailleurs. Si l'on ne savait que former de bons chrétiens, c'est former de bons sujets, on s'en convaincrait, en voyant l'air posé, sage et respectueux, je dirai presque vertueux de ces jeunes aspirans du sacerdoce, qui n'en portent pas cependant encore la robe; ils ne sont pas même plus liés que d'autres par leur éducation, ni obligés, après leurs classes terminées, de passer à celle de la théologie, si leur vocation les porte vers un autre état.

Cette maison est dirigée par son fondateur, M. l'abbé Chauvel, ancien officier de dragons, aussi respectable ecclésiastique qu'il a été estimable militaire. La confiance générale qu'inspire ce directeur, a valu à son établissement la haute protection de S. A. R. la duchesse d'Angoulême, qui lui a donné une preuve de son estime particulière, en lui confiant l'éducation de 50 en-

fans dont elle paie la pension. Ils appartiennent
tous à des familles distinguées par leur dévouement , et peu favorisées de la fortune.

Tels sont tous les édifices et bâtimens les plus
remarquables de cette moitié de Versailles , qui
n'est pas plus neuve , malgré sa dénomination
de *Ville-Neuve* , que l'autre moitié , qui n'est
elle-même appelée *Vieux-Versailles* , que parce
que sa principale partie occupe la place de l'ancien village de ce nom. On a pourtant suivi un
meilleur plan pour la Ville-Neuve , dont les alignemens l'emportent généralement en largeur,
et les constructions en beauté.

Ce quartier renferme la plus jolie place de la
ville, la place Dauphine, et la plus grande, après
la place d'Armes, celle du marché Notre-Dame.
La première offre un octogone dont les quatre
principaux côtés sont percés par deux grandes
rues ; et la seconde , un vaste carré à angles
coupés , dont les quatre côtés sont également
percés par deux rues aussi larges que droites.
Elle est encombrée de barraques de toutes formes , au milieu desquelles une tolérance con-
damnable a même laissé construire des maisons
à un ou deux étages. Elle va , dit-on , être
déblayée de toutes ces bâtisses et barraques ;
mais c'est une réforme qu'on annonce depuis

long-tems. Une petite portion de ce quartier, tellement petite qu'elle échappe aisément à l'attention, et que nous ne l'avons découverte nous-mêmes que par hasard, renferme des rues sans largeur et une place sans étendue, mais non sans régularité (la Petite-Place), qui sortent évidemment du plan général adopté pour la ville de Versailles ; mais ce qui m'a frappé davantage, a été de découvrir ce quartier dans la plus belle partie de la ville neuve, entre le château, la place Dauphine et la place d'Armes (1).

Comme cette dernière occupe le devant et forme en quelque manière une dépendance du château, nous allons la traverser maintenant sans nous arrêter, pour y revenir et l'examiner plus tard, nous bornant cette fois à observer qu'elle sépare, dans cette partie, ou réunit, comme on voudra, le quartier Notre-Dame et le quartier St.-Louis. C'est ce dernier qui nous reste encore à décrire.

---

(1) Mes informations m'ont appris que c'est l'ancien emplacement du jardin de l'hôtel de Choiseul, accordé en 1686 à l'intendant de la maison de Madame la Dauphine, à la charge d'y bâtir une place conforme aux alignemens et plans arrêtés par M. le marquis de Louvois, intendant des bâtimens de S. M.

Quartier
S.t-Louis.

Aucun boulevart, aucune promenade n'embellit cette partie de Versailles, à l'exception de l'avenue de Sceaux qui la borde du côté du nord, et des bois de Satory qui l'entourent, en la dominant vers le sud. L'avenue de Sceaux n'étant le chemin de nulle part, comme nous l'avons déjà vu, est presque aussi solitaire que les bois de Satory, et, comme eux, presque uniquement fréquentée par des militaires, en exceptant toutefois l'époque de la foire de St.-Louis, dont elle est le principal théâtre. Tous les petits spectacles forains y sont réunis, ainsi que tous les promeneurs, tant citadins qu'étrangers. Le parc est alors déserté pour l'avenue de Sceaux, et, à Paris même, les Champs-Elysées se ressentent de la foire de Versailles. Elle reçoit beaucoup de mouvement de sa coïncidence avec la fête de St.-Louis, époque où l'on est prévenu que toutes les eaux du parc doivent jouer.

Pièce
des Suisses.

Au couchant, les bords de la pièce d'eau *des Suisses*, ainsi nommée parce qu'elle a été creusée par les Suisses de la garde de Louis XIV, forment aussi une espèce de promenade, mais qui n'est guère fréquentée de même que par les soldats. Ce beau bassin qui, par sa jolie forme cintrée, comme un miroir de toilette, fait tant d'effet sur les plans, ressemble, au milieu de la prairie et des bois qui l'entourent, à un simple étang ou à un petit lac de forme ovale ; parce que ses contours si gracieux, si bien dessinés dans les gravures, ne sont plus marqués, comme ils l'étaient jadis, dit-on, et comme l'indiquent encore ces mêmes gravures, par des tablettes en pierre de taille.

Des talus de terre, des gazons et des joncs forment aujourd'hui l'unique bordure de la pièce des Suisses. Toutefois, comme simple étang, cette pièce d'eau, qui semble l'ouvrage de la nature, produit un fort bon effet, en imprimant un ton sauvage et solitaire à l'espèce de paysage dont elle occupe le centre et fait le principal ornement. Son étendue de 350 toises de long sur 120 de large, surpasserait celle du jardin des Tuileries, si l'on en croyait M. Dulaure, auteur d'une Description des environs de Paris. Nous avons vérifié que c'est une erreur de ce savant, le jardin des Tuileries ayant 360 toises de long sur 165 de large.

Dans l'intervalle qui s'étend entre son extrémité méridionale et les bois touffus de Satory, dont le sombre amphithéâtre borne l'horizon de ce côté, s'élève isolément, sur un haut piédestal, une statue équestre. Etonné de voir en ce lieu un pareil monument, l'étranger ne l'est pas moins d'apprendre qu'il avait été destiné à représenter Louis XIV s'élançant du faîte de la gloire vers l'immortalité. Cette statue parut à la fois si peu ressemblante et si mal exécutée, que le grand Roi n'y pouvant reconnaître ni son image ni son siècle, lui interdisit l'entrée de son parc, en ordonnant qu'on lui assignât une autre place et une autre destination. L'artiste, qui était le célèbre chevalier Bernin, ne trouva rien de plus convenable que de métamorphoser son Louis XIV en *Marcus Curtius*, ce célèbre romain qu'un amour ardent de la patrie fit précipiter à cheval dans un gouffre ouvert tout à coup au milieu du *forum* de Rome, en l'an 393 de la fondation de cette ville (1), et la tête du héros monarque devint celle d'un héros républicain, au moyen d'un casque antique appliqué sur la large perruque de Louis XIV. S'il n'a pu se reconnaître dans cette figure, Marcus Curtius (2) ne

---

(1) Ce rare dévouement eut pour objet de satisfaire à l'oracle, qui avait répondu que le gouffre ne se fermerait qu'autant que les Romains y auraient jetté ce qu'ils avaient de plus précieux ; et, d'après leurs historiens, l'oracle fut accompli : le gouffre se ferma aussitôt.

(2) *Curtius* et non *Curius*, comme l'écrit et le répète le savant M. Dulaure, dans sa Description des environs de Paris.

s'y reconnaîtrait certainement pas davantage, et encore moins son cheval.

A côté et au levant de la pièce des Suisses, que la route de Brest sépare du parc, est le jardin potager et fruitier du château, qui s'étend jusqu'à la rue Satory, dans le cœur de la ville. Il n'offre ni fraîcheur, ni ombrage, ni aucun autre genre d'agrémens, que sa bonne tenue et sa belle distribution en un grand nombre de carrés, qui forment autant de jardins séparés. Le principal est celui du milieu, qu'on voit à travers les deux grilles, donnant l'une sur la pièce des Suisses, l'autre sur la rue Satory ; il est bordé de belles terrasses, et l'un des carrés renferme des serres, comme nos jardins de botanique. Son étendue de 30 arpens, et non de 50, comme le dit M. Dulaure, suffit pour en faire le plus grand jardin potager de l'Europe. La Quintinie en fut le fondateur, et Mansard le dessinateur.

Si la rue Satory longe à droite le plus beau jardin potager de Versailles, elle en longe à gauche la plus belle église, en mettant hors de tout parallèle la chapelle du château : c'est la paroisse de St. Louis, aujourd'hui la cathédrale. Louis XV en posa la première pierre, en 1749, et le dernier des Mansard (Mansard de Sa-

3

gonne) en fut l'architecte. Terminée en 1754, elle resta sans ornemens intérieurs. C'est ce qui peut avoir fait refuser à cet édifice, ainsi qu'à son architecte, le suffrage des hommes de l'art; mais, au lieu de la pierre de taille entièrement nue, supposons la coupole, la voûte et les pilastres ioniques qui la soutiennent, enrichis de peintures et de dorures, dès-lors la critique, n'en doutons point, resterait muette devant cette belle basilique, à laquelle on ne peut contester une sorte de grandiose dans ses dimensions et d'élégance dans la coupe de sa croix latine. On ne peut refuser non plus au frontispice, décoré de seize colonnes, dont six corinthiennes et dix doriques, un air de majesté et un ton d'architecture qui annoncent noblement la sainte destination du lieu. Les deux campanilles construits aux deux angles sont décorés de pilastres ioniques : ils dominent peu le fronton; mais du moins ils n'en sont pas dominés eux-mêmes, comme ceux du portail de Notre-Dame ; et de plus, l'architecte les a jetés en arrière, de telle sorte que, n'étant pas sur le premier plan, ils peuvent être considérés comme ne faisant point partie du frontispice.

Le clocher pyramidal qui s'élève au-dessus

de la coupole, contribue à la beauté extérieure de cette église, malgré sa forme un peu orientale, qui a quelque chose d'original dans nos contrées.

La chapelle de la Vierge, construite en rotonde, derrière le chœur, touche immédiatement au rétable du maître-autel, au lieu d'en être séparée par le bas côté, qui devait, d'après les règles de l'art et d'après le plan de l'architecte, tourner tout au tour du chœur, comme on le voit aux églises de St.-Sulpice et de St.-Roch, à Paris. Ce fut le directeur des économats, le marquis du Muy, qui, redoutant la dépense, exigea la suppression du bas côté, dans cette partie, et l'adossement immédiat de la chapelle contre le chevet. C'est donc à l'économe que doivent s'en prendre les censeurs, et non à l'architecte qui n'a été que sa victime. L'autel de cette église, qui devrait en être le plus riche ornement, en est au contraire la partie la plus sacrifiée, et par sa petitesse hors de proportion avec la grandeur de l'édifice, et par sa trop modeste forme de tombeau, et par son emplacement plus modeste encore entre deux piliers. La chaire par trop modeste aussi, est d'une simplicité qui l'assimile à celle d'une église de village. L'orgue, que supporte une voûte surbaissée avec hardiesse, est estimé comme ouvrage du même facteur que celui de St.-Roch, de Paris.

Nous répéterons ici ce que nous avons déjà dit dans notre premier aperçu de Versailles (route de Paris à Bordeaux, p. 107), que des critiques minutieuses n'empêchent pas que ce ne soit un vaste et bel édifice, dont l'ensemble et les détails satisfont également et pleinement la vue, et que des défauts qui échappent aux regards du public sont de bien petits défauts.

Les nombreux et beaux tableaux qui décoraient cette église disparurent dès les premières années de la révolution, époque où elle servit de halle au blé : plusieurs lui ont été rendus, parmi lesquels on distingue une Adoration des bergers, par Restout; une Descente de croix, par Pierre; une Présentation de la Vierge, par Colin de Vermont; une superbe Résurrection du fils de la veuve de Naïm, par Jouvenet, et une Apparition de J.-C. chargé de sa croix à saint Pierre sortant de Rome, tableau précieux de Sarlai, unique élève du célèbre Mignard.

Une statue colossale de St. François de Sales, qu'on voit dans une des chapelles du pourtour du chœur, représente ce saint évêque dans ses prédications, et produit un effet peu avantageux, comme toutes les figures qui excèdent les proportions ordinaires, sans être placées à la distance convenable, témoins celles dont on a voulu décorer l'entrée de la chambre des députés.

Après cette église, l'édifice le plus remarquable du vieux Versailles, est l'énorme bâtiment qui fixe les regards, à gauche et tout à côté du château. C'était le grand Commun ; il renfermait mille chambres à coucher, et pouvait loger deux mille individus. Solidement et pesamment construit en brique, autour d'une vaste cour noire et carrée comme lui, il n'est à citer que pour sa masse et sa hauteur également imposantes, ainsi que pour son portail décoré de faisceaux d'armes et de trophées en relief, qui rappellent la célèbre manufacture d'armes de Versailles, établie dans cet immense édifice, en 1795, par le ministre Bénezech, sous la direction de M. Boutet, arquebusier. Ce directeur l'avait portée à un tel point de perfection que, nulle part en Europe, on ne donnait aux armes, soit de guerre, soit de luxe, un aussi beau fini, et à un tel point d'activité qu'elle fournissait à nos armées plus de 50,000 fusils par an. Cette belle manufacture fut pillée et entièrement détruite par les Prussiens, le 2 juillet 1815.

Un établissement plus précieux, quoique malheureusement moins nécessaire, fut respecté par eux à côté de celui qu'ils venaient de détruire : c'est la bibliothèque publique. Elle occupe, dans la rue de la Surintendance, l'ancien hôtel des affaires étrangères, comme l'apprennent à ceux qui ne le savent point les inscriptions qu'on lit encore sur les portes des diverses salles : *Cabinet des limites, Salle des traités, Salle des puissances étrangères,* etc.

Cette bibliothèque est ouverte au public, tous les jours de la semaine, depuis 9 heures du matin jusqu'à 2 de l'après-midi, excepté le dimanche et le jeudi ; aux étrangers, tous les jours sans exception. Elle renferme 42,000 volumes, la plupart recommandables par le luxe des éditions ; recommandables surtout pour avoir fait partie des ouvrages qui composaient les bibliothèques de Louis XVI et de Monsieur, aujourd'hui Louis XVIII. J'en ai trouvé les salles remplies de militaires, qui n'étaient pas tous des officiers, mais qui tous lisaient avec la même attention et dans le plus profond silence.

Le bâtiment n'est remarquable d'ailleurs que par sa porte d'entrée, garnie d'ornemens et figures en relief : il ne présente , sur la rue , qu'une très-courte façade de trois croisées à chaque étage.

L'hôtel de la Guerre , qui est à côté et attenant , n'est de même remarquable , quoique bien plus grand , que par son portail décoré de magnifiques trophées en relief. C'est là que furent conçus et arrêtés ces vastes plans militaires qui rendirent la France si puissante sous Louis XIV , si pauvre sous les rois qui lui ont succédé , et son règne si glorieux , les règnes suivans si difficiles.

Cet hôtel , aujourd'hui dépouillé de ses archives et de tous les objets relatifs à sa destination primitive , n'en pouvait recevoir une plus convenable que de devenir la caserne de l'un des régimens en garnison à Versailles.

Dans la rue Royale , en face de celle de l'Orangerie , l'hôtel de gardes-du-corps , occupé par la compagnie d'Havré , se recommande intérieurement par son manège , ainsi que par la longue enfilade de cours et d'arceaux qui y conduit en ligne droite , extérieurement , par la porte d'entrée , faisant le vis-à-vis et le pendant de la grille de l'orangerie , qui forme , à l'autre bout de la rue de ce nom , une des plus belles entrées de la ville.

Mais quel serrement de cœur involontaire s'empare de moi, à la vue de cette grille et de cette rue ! quel souvenir affreux elles me rappellent ! C'est là que, le 9 septembre 1792, les prisonniers d'Orléans furent massacrés, au nom de la liberté et aux cris de *vive la nation*, par une populace effrénée, qu'aidèrent, assure-t-on, au lieu de la repousser, les soldats même de l'escorte. Ces infortunés étaient au nombre de cinquante-cinq, il ne s'en sauva que trois. C'est là, contre cette grille, que périt, en défendant vaillamment sa vie, ce duc de Brissac, gouverneur de Paris et commandant de la garde de Louis XVI, que son dévouement pour cet infortuné prince a fait surnommer le *héros de la fidélité*. Il opposa long-tems aux assassins tout le courage de la vertu et du désespoir ; enfin, après avoir eu les doigts coupés et avoir reçu plusieurs blessures, il fut renversé par un coup de sabre qui lui abattit la mâchoire. Cette mort déplorable a inspiré au chantre de la Pitié les vers suivans :

> Je ne t'oublierai point, toi dont l'âme sublime
> Gardait un cœur si pur sous le règne du crime ;
> O guerrier magnanime et chevalier loyal,
> Digne héritier d'un sang ami du sang royal,
> Respectable Brissac...! Ah ! dans ce temps barbare,
> Qui n'aime à retrouver une vertu si rare ?

Avec moins de plaisir , les yeux d'un voyageur
Dans un désert brûlant rencontrent une fleur ;
Avec moins de transport, des flancs d'un roc aride ,
L'œil charmé voit jaillir une source limpide ;
Modèle des sujets et non des courtisans ,
Les vertus du vieil âge honoraient ses vieux ans.
A son roi malheureux, quel sujet plus fidèle !
Hélas ! sous le pouvoir d'une ligue cruelle
Tout fléchissait la tête , et même la vertu
Baissait sous les poignards un regard abattu :
Rien n'altéra sa foi , n'ébranla son courage ;
Mais enfin , à son tour, victime de leur rage ;
Il passe sans regrets, ainsi que sans remord,
Du Louvre dans les fers et des fers à la mort....
O ville trop coupable ! ô malheureux Versailles !
Son sang accusateur souille encor tes murailles !
Un cortége cruel a feint de protéger
D'infortunés captifs qu'il va faire égorger ;
Le char est entouré , les sabres étincellent,
Sur les monceaux de morts les mourans s'amoncellent ,
Et , de son sang glacé souillant ses cheveux blancs,
La tête d'un héros roule aux pieds des brigands.
O martyr du devoir , du zèle et de la gloire !
Tant que du nom français durera la mémoire,
J'en jure par ta mort, tu vivras dans nos cœurs.

La rue de l'Orangerie , qui vient de nous
entraîner dans ce douloureux épisode , est une
des plus belles rues du Vieux-Versailles.

Nous avons déjà remarqué qu'elles ne sont
ni moins tirées au cordeau , ni guère moins

larges dans ce quartier que dans celui de Notre - Dame. La rue Royale , la plus belle de
toutes , y traverse, comme celle du Plessis,
ouverte à peu de chose près sur le même alignement , dans l'autre quartier , une grande
place ; et cette place , dite le Marché-Neuf, est
également remplie de barraques; mais divisées
et subdivisées en petits carrés , elles sont régu-
lièrement construites à un seul étage et en man-
sardes. Cette régularité , qui déguise un peu leur
mauvais effet , semble , en prouvant un plan
voulu par l'autorité, leur assurer une plus longue
existence qu'à celles du marché Notre-Dame ,
dont l'arrêt , comme nous l'avons déjà dit , est
prononcé depuis long-tems.

La rue Satory , qui est aussi une des plus
belles du quartier , offre l'agrément de conduire au bois de ce nom , avec lequel elle va ,
pour ainsi dire , se confondre , ce qui forme ,
à son extrémité , un charmant effet d'optique.
Il serait à désirer , pour l'embellissement de ce
quartier , que toutes les autres rues, qui ont la
même direction, offrissent le même agrément ;
au lieu de se terminer la plupart à des murs de
clôture, qu'il serait facile de remplacer par des
grilles ou des *sauts de loup* , propres à rétablir
la perspective, interceptée par ces murs; ainsi

qu'on l'a si heureusement pratiqué pour toutes les allées du parc. Ce mauvais effet se remarque surtout dans la rue Saint-Martin et dans toutes celles qui y aboutissent.

Les curieux peuvent aller voir dans cette rue la filature de coton de M. Lehoult, qui emploie de trois à quatre cents ouvriers, suivant les circonstances, et tout à côté, l'enclos qui renferme les deux beaux réservoirs de Gobert.

Ils n'égalent pas en étendue ceux de Montbauron, placés entre les avenues de Paris et de St.-Cloud. Les uns et les autres méritent d'être visités, soit comme fournissant toutes les eaux du parc de Versailles, soit comme offrant sur leurs bords, les deux premiers, d'agréables promenades dans le bois attenant ; les deux autres, de beaux points de vue sur la ville et ses environs, avantageusement dominés par la butte dont ils occupent le sommet.

ades
3uc.

Une course plus intéressante, mais plus longue à faire, est celle de Buc, village situé à une demi-lieue sud de Versailles, et moins remarquable par son site au fond du vallon romantique de la Bièvre, que par l'aquéduc qui porte les eaux de l'étang de Saint-Hubert aux deux réservoirs de Gobert et de Montbauron. Dix-neuf immenses arcades de 3o pieds d'ouverture et 68 pieds de hauteur, l'élèvent, à l'aide d'une haute digue sur laquelle elles reposent, et qui leur sert de soubassement, à cent pieds dans les airs. Les 18 culées qui séparent les arcades ont elles-mêmes 36 pieds de large. Cette construction moderne, imitée des Romains, m'a rappelé le fameux pont du Gard, qu'ils paraissent nous avoir laissé, tant comme un modèle en ce genre, que comme un monument impérissable de leur grandeur. L'un et l'autre aquéduc sont construits en pierre; mais celui du Gard est en pierre de taille, et celui de Buc, partie en pierre de taille, partie en pierre brute. L'un et l'autre traversent de même un vallon d'un aspect sauvage et solitaire, en réunissant deux collines escarpées. Celui du Gard a trois rangs d'arcades, les unes sur les autres, tandis que celui de Buc n'en a qu'un; mais ces dernières sont d'une bien plus grande dimension, et, sous ce rapport, on peut dire que la magnificence du grand peuple a été vaincue par celle du grand Roi. Ce superbe aquéduc est oublié ou du moins passé sous silence par la plupart des auteurs.

Il ne m'a pas suffi de le voir d'en bas, soit en passant sous les arcades, soit en le contemplant des deux côtés; j'ai voulu encore le parcourir dans sa longueur, sur l'espèce de terrasse qui le couvre, comme j'avais parcouru celui du Gard. Cette étroite et haute promenade n'est pas sans difficulté, ni même sans danger. Un compagnon de voyage qui voulut la faire avec moi ne tarda pas à quitter la partie, aimant mieux me laisser aller seul, que de braver les vertiges et l'effroi que lui causait la vue d'un double et continuel précipice de cent pieds de haut, à droite et à gauche, dans une longueur de plus de 300 toises.

Je ne connais pas de perspective semblable à celle que m'ont offerte, du milieu de cette terrasse, et le vallon de la Bièvre, depuis le village de Buc jusqu'au bourg de Jouy, et ce bourg lui-même. Ce tableau, par une belle matinée d'automne, avait pour moi quelque chose de magique, difficile à peindre autrement qu'avec le pinceau, et je le recommande aux paysagistes qui se décideront à risquer, sur mes traces, la même promenade. Le très-petit village de Buc occupe à peu près le milieu de la distance de Versailles à Jouy, et cette distance est d'une lieue. Ce n'est point la véritable route, mais c'est la plus agréable, pourvu toutefois qu'on ne soit pas en voiture; c'est même, contre l'opinion commune, la plus courte, d'après la vérification que nous en avons faite, montre en main.

Manufacture
de Jouy. Jouy a été rendu célèbre par sa manufacture de toiles peintes, qui a porté son nom dans toutes les parties des deux mondes où ont pénétré les produits de l'industrie française. La célébrité de ces toiles nous dispense d'entrer dans aucun détail sur une manufacture aussi connue pour la perfection de ses tissus, que pour la beauté de ses dessins et la solidité de ses couleurs. Elle a reçu une telle impulsion de son recommandable fondateur, M. Oberkamps, qu'elle occupait, dans sa plus grande activité, jusqu'à 1500 ouvriers. Déchue depuis sa mort, elle n'en occupe aujourd'hui que 5 à 600. Cette mort a été une calamité pour le bourg de Jouy, naguère misérable village, qui lui a dû son rapide accroissement et sa prospérité. Aux chaumières ont succédé, grâce à ce bienfaiteur, des maisons neuves et propres : les habitans l'ont pleuré comme des enfans pleurent un père chéri. Leur nombre, qui s'élève à près de 1800, pourra diminuer ou se maintenir, suivant les acquéreurs qui succéderont à M. Oberkamps, dont l'établissement mis en vente au moment où nous écrivons, doit être adjugé le 25 octobre 1821 (1).

Cette manufacture n'a qu'un seul et bel édifice,

---

(1) Il vient de l'être à M. Oberkamps fils.

encore en ai-je vu de plus beaux et surtout de plus vastes , même dans des fabriques d'une moindre célébrité.

On attribue à la qualité des eaux de la Bièvre le bon teint des toiles de Jouy, comme on leur attribue , à Paris , la vivacité des couleurs qui distingue les tapisseries des Gobelins (1).

L'ancien château de Jouy , appartenant jadis à la famille d'Harcourt , ne mérite plus d'être mentionné , depuis qu'il est devenu , par les événemens, la propriété de M. Seguin , qui en a détruit la meilleure partie.

Nous ne pousserons pas plus loin cette excursion où nous ont entraînés les arcades de Buc.

Les curieux qui , comme nous , n'aiment point à revenir sur leurs pas , pourront regagner Versailles par Viroflay , pour y visiter, en passant, le haras de M. Rieussec.

Il ne nous reste plus rien à voir dans le Vieux-Versailles, que la salle du jeu de paume, célèbre par le serment des députés réunis en Assemblée nationale , sous la présidence de

---

(1) On sait que ce nom de la plus célèbre manufacture de tapisseries qui existe , est aussi celui que porte la rivière de Bièvre, depuis Gentilly jusqu'à son embouchure dans la Seine, à Paris.

Bailly, en 1789, serment terrible, qui fut le signal de la révolution. Il était conçu en ces termes : *Nous jurons de ne pas nous séparer, jusqu'à ce que la constitution du royaume soit établie sur des fondemens solides.* Naguère on le lisait encore, sur une plaque de cuivre placée dans l'intérieur, et cachée aujourd'hui derrière les décorations du théâtre de Versailles, dont cette salle est devenue le dépôt. L'inscription ajoutait : *Ils l'avaient juré, ils ont tenu leur serment.* Nous ajouterons nous-mêmes qu'ils l'auraient tous rétracté, s'ils en eussent pu prévoir les funestes conséquences. Plusieurs d'entre eux, au nombre desquels est l'infortuné Bailly, ont été engloutis dans l'abîme qu'ils avaient ouvert eux-mêmes, sans le vouloir. Cette salle devint dans la suite l'antre des Jacobins de Versailles, et cet atelier de révolution a été converti depuis en un atelier de menuiserie, remplacé à son tour par le dépôt que nous venons d'y voir. Ainsi le jeu de paume de Versailles peut être considéré comme une image abrégée des révolutions dont il a été le témoin, même en partie le théâtre, et dont nous sommes les éternels jouets.

Tel est, dans son ensemble et ses principaux détails, le tableau physique de la ville de Versailles. Nous lui avons donné le degré d'étendue que paraissaient exiger et l'importance de la ville et l'intérêt de nos lecteurs.

Quant au tableau moral, il nous paraît à la fois et plus court et plus difficile à faire ; plus court, en ce qu'on a bien peu de choses à dire sur les mœurs d'une ville aussi voisine de la capitale, et aussi peuplée d'étrangers ; plus difficile, par l'embarras même où cette double circonstance place l'observateur. Qu'on ne cherche donc à saisir, qu'on ne s'attende à trouver aucune nuance morale, encore moins physique, entre les habitans de Paris et ceux de Versailles.

C'est dans la classe du peuple qu'existe le caractère véritablement national, l'éducation étant, comme nous l'avons dit ailleurs, un lien qui rapproche et *uniformise*, pour ainsi dire, les hommes de tous les pays. Je ne sais si je me trompe, mais j'ai cru remarquer, parmi les ouvriers de Versailles, bien moins d'obligeance et d'aménité qu'à Paris. Les étrangers, si nécessaires, si précieux pour cette ville, n'y trouvent d'autre empressement que celui des mercenaires, qui leur offrent à l'envi, les uns de porter leurs paquets, les autres de leur montrer le château.

La société est brillante, en ce moment, à Versailles : un grand nombre de familles distinguées, tant anglaises que françaises, y ont fixé leur séjour, les unes pendant la belle saison, en passant le reste de l'été à Paris ; d'autres pendant l'hiver, en passant l'année dans leurs châteaux ou leurs maisons de campagne ; d'autres enfin pendant toute l'année. Les réunions y sont assez fréquentes : le bon choix et le bon ton des officiers de la garde du Roi les font admettre dans tous les cercles. On y donne souvent des bals et des concerts, dont ils sont les acteurs les plus précieux ; ils donnent des concerts eux-mêmes pendant l'été, dans le parc, aux promeneurs et promeneuses qui fréquentent le Tapis-Vert, rendez-vous de tout ce qu'il y a de mieux à Versailles.

Les agrémens de cette ville, dans la mauvaise saison, sont très-faibles et à peu près nuls, pour les personnes qui ne hantent pas la société. Ces larges rues désertes, ces larges avenues, ces larges boulevarts où l'on ne rencontre que des soldats promenant leur désœuvrement et leur ennui, ont quelque chose d'attristant, qui fait redouter alors ce séjour aux habitués des grandes villes.

La population actuelle de Versailles, sujette

à beaucoup de variations, est à peu près le trentième de celle de Paris : elle roule entre 25 et 28 mille individus, compris un grand nombre d'étrangers, et une garnison qui varie entre 2 et 3 mille hommes. Elle s'élevait de 70 à 80 mille, au tems de la cour ; mais jamais à cent mille, comme on le disait communément.

Tout-à-fait dénuée de commerce, cette ville possède pourtant une filature de coton que nous avons vue rue St.-Martin, une fabrique de limes façon anglaise, et deux manufactures de bougie. Elle a trois foires annuelles de huit jours chacune ; nous avons remarqué que celle du 25 août coïncide avec la fête de St.-Louis, et que l'avenue de Sceaux en est le principal théâtre : quant aux marchands, c'est dans la rue Royale attenante qu'ils établissent leurs boutiques temporaires. La foire du 1.er mai et celle du 9 octobre se tiennent dans la rue du Plessis. Les marchés du mardi et du vendredi sont très-peu de chose à Versailles ; ils n'approvisionnent que les cuisines et les marchandes fruitières.

La principale ressource industrielle des habitans est, à bien dire, le château royal, qui leur procure, outre la visite de quatre à cinq

cents curieux par jour (1), la résidence de plusieurs milliers d'étrangers, sans lesquels la
moitié des maisons seraient inhabitées. Le château occupe d'ailleurs un grand nombre de
personnes, surtout dans la classe ouvrière.
Croira-t-on que cette classe ait pu se tourner
elle-même contre ses pères nourriciers ? Non,
là comme dans toute la France, chaque classe
avait sa lie, qui, dans l'agitation générale,
est remontée à la surface : cette lie est aujourd'hui retombée à la place qui lui convient,
et tout est rentré dans l'ordre.

Les principaux aubergistes de Versailles sont
des traiteurs et restaurateurs à la carte, comme
à Paris. J'en ai cité deux dans mon premier
aperçu de cette ville ; je n'en citerai plus aucun
désormais : l'un des deux a cessé, l'autre ne
mérite plus cette mention honorable.

Versailles, aujourd'hui siége de la préfecture
de Seine-et-Oise, l'est aussi d'un évêché créé
par le concordat de 1801, ainsi que des tribunaux de première instance et de commerce.

Ce n'était qu'un village, et son château qu'un

---

(1) Un peu plus en été, un peu moins en hiver
quand il fait beau, pas du tout quand il fait
mauvais.

simple rendez-vous de chasse, lorsqu'il prit
envie à Louis XIV de faire de ce village une
des plus belles villes, et de cette maison de
chasse le plus beau palais de l'Europe. Toujours
avide de prodiges et de victoires, il voulut
vaincre la nature, en transformant un terrain
ingrat, un site sans agrément, en un lieu de
délices : il voulut faire sortir du sein d'un désert une habitation et une ville dignes du premier monarque du monde : il le voulut, et sa
volonté fut accomplie. Commencé en 1661, ce
château fut terminé et reçut son fondateur, avec
toute sa cour, dès le mois de février de l'an
1672. Il a continué d'être la résidence royale,
sous les deux règnes suivans, après avoir été
abandonné pendant les sept ans qu'a duré la
minorité de Louis XV.

N'existant comme ville que depuis Louis XIV,
Versailles ne saurait fournir à l'histoire beaucoup d'hommes célèbres. Martial de Loménie,
l'une des victimes du massacre de la St.-Bar-
thélemy, et père d'Antoine de Loménie, ambassadeur de Henri IV en Angleterre, était
seigneur du village de Versailles.

La ville actuelle a vu naître Colin de Vermont, peintre d'histoire, mort en 1761, dont
nous avons vu un fort bon tableau dans l'église
de St.-Louis ; Guyot de Merville, auteur d'un

grand nombre de pièces de théâtre, mort en
1769; Madame Guibon, qui a publié diverses
poésies dans le milieu du même siècle; le général Hoche, qui parvint du grade de caporal dans
les gardes françaises, à celui de général en chef
dans les armées de la république, et mourut
en 1798; Bourlet de Vauxcelles, mort en 1802,
auteur de plusieurs oraisons funèbres et d'un
éloge de Madame de Sévigné; enfin l'estimable
auteur dramatique, Ducis, mort le 31 mai 1816.

Jean-Sylvain Bailly, célèbre comme auteur
de divers bons ouvrages d'astronomie, plus
célèbre comme maire de Paris et comme
président de l'Assemblée constituante, au
commencement de la révolution, qu'il avait
embrassée avec autant d'ardeur que de bonne
foi, et dont il fut victime en 1793, n'était pas
natif mais originaire de Versailles.

Quelques traités de paix et quelques anecdotes
de cour, sont les seuls événemens historiques
que nous offre cette ville, jusqu'au moment où
elle a été le siége des notables qui ont préparé
la révolution, et des Etats-Généraux qui l'ont
faite. Les événemens presque tous désastreux
qui se sont passés à cette époque, sont trop
près de nous pour avoir besoin d'être retracés,
et trop douloureux pour qu'on ne doive pas

craindre d'irriter, en y retouchant, des plaies que le tems seul peut cicatriser.

Quant aux événemens encore plus près de nous, arrivés à Versailles dans l'invasion de 1815, et rapportés avec des détails non moins erronés que circonstanciés, dans le nouveau Dictionnaire des environs de Paris, ils sont connus de tout le monde, et appartiennent plus à l'histoire qu'à la topographie.

L'auteur de ce Dictionnaire ne se montre pas plus instruit de la direction de nos routes, que de nos événemens politiques, lorsqu'il dit que Versailles est sur celle de Paris à Caen. Cette ville est sur trois routes principales, dont aucune ne conduit à Caen ; la première des trois est celle de Bordeaux, la seconde celle de Nantes, et la troisième celle de Brest.

Laissons le Cicerone de Versailles promener soigneusement ses lecteurs de rue en rue, et leur en donner la savante nomenclature, sans leur faire grâce d'aucun impasse ni carrefour : contentons-nous d'avoir fait connaître les principales, avec leurs principaux édifices, et de remarquer, en finissant, qu'un très-grand nombre de fontaines publiques les arrosent et les rafraîchissent, sans les embellir ; car c'est une chose particulière et faite pour étonner l'étran-

ger, qu'aucune ne contribue à décorer une ville
pour laquelle on a fait tant de sacrifices.

Il est à noter aussi que, parmi les nombreux
hôtels qu'elle renferme, peu sont bâtis en
pierre de taille, et qu'aucun ne se distingue
par cette richesse d'architecture et de sculpture
qui caractérise nos principaux hôtels de Paris;
c'est que la plupart ne servaient que de pied-à-
terre aux seigneurs de la cour, qui habitaient
ordinairement la capitale. Les plus remarquables de ces maisons ne le sont que par leurs
portes d'entrée. La pierre de taille ne se montre
que dans quelques constructions nouvelles : on
sait que, réservée au seul château dans le principe, elle était interdite aux bâtimens particu-
liers, sans doute afin de les mettre en harmonie
avec le palais en brique de Louis XIII, et peut-
être aussi pour agrandir la différence qui devait
exister entre elles et le château de Louis XIV.
Cela nous rappelle qu'il y a deux châteaux à
Versailles, celui de Louis XIII et celui de
Louis XIV. C'est ce double monument que nous
allons décrire dans le chapitre suivant.

DEUXIÈME JOURNÉE.

CHATEAU DE VERSAILLES.

AVANT d'aborder la description du château de nos Rois, il convient de ramener le voyageur à l'entrée de la place d'armes, où il l'avait en perspective en arrivant, perspective qu'il a dû quitter à regret, pour parcourir avec nous les divers quartiers de la ville.

S'il fallait en croire l'auteur du nouveau Dictionnaire des environs de Paris, « l'étranger » demeure stupéfait à l'aspect du magnifique » coup-d'œil que présentent à ses regards éton- » nés et les palais et les superbes édifices élevés » sur la place d'armes. »

S'il faut nous en croire nous-mêmes, dont l'opinion énoncée dans notre premier aperçu de Versailles (route de Paris à Bordeaux, p. 113), se trouve conforme à celle de presque tous nos prédécesseurs, les palais et les édifices sont précisément ce qui manque à cette place; et, sous ce rapport, elle doit être considérée comme non encore achevée: on n'y voit d'autre palais, en arrivant, que celui de Louis XIII; et il frappe l'étranger d'un étonnement tout contraire à la stupéfaction que lui prête cet auteur.

Le seul nom de Versailles, disons-nous ailleurs (p. 96.), annonce, avec une des plus belles villes de France, le plus beau palais de l'Europe, et le premier abord répond à toute l'idée qu'on s'en est faite; mais à mesure qu'on approche du château et qu'on le distingue mieux, on éprouve un étonnement progressif de ne voir qu'un édifice ordinaire, construit en brique, et bien inférieur à sa renommée.

L'auteur du Dictionnaire des environs de Paris a grand tort sans doute de s'enthousiasmer *à l'aspect du magnifique coup-d'œil que présentent à ses regards étonnés* des palais et de superbes édifices qui n'existent point; mais nous n'avons pas tout-à-fait eu raison nous-mêmes de ne voir, en face de la grande avenue, qu'un seul palais et qu'un édifice ordinaire, quoique nous ayons bien modifié l'opinion des auteurs derrière lesquels nous placions la nôtre, en ajoutant que, néanmoins, les regards ne parcourent pas sans intérêt ce monument du règne de Louis XIII, plus extraordinaire qu'il n'est imposant.

Il est bien vrai que cet ancien château, consistant en une très-courte façade principale (de 7 croisées, dont trois au pavillon qui en occupe le milieu), et deux longues ailes en retour, le tout en brique, dans le style du 16.ᵉ siècle, n'offre d'abord qu'un édifice assez ordinaire. Mais les deux bâtimens d'un goût plus moderne, en pierre de taille, qui terminent ces deux ailes, et sont terminés eux-mêmes par deux portiques d'ordre corinthien (1), peuvent être considérés comme deux édifices à part, vu qu'ils n'ont aucun rapport avec celui auquel ils ont été ajoutés; ce qui détruit en même tems toute harmonie, défaut d'autant plus sensible, qu'on regarde naturellement les trois édifices comme n'en faisant qu'un, puisqu'ils composent un même château.

On doit regarder encore plus comme deux édifices séparés les deux longs bâtimens détachés qui bordent, de chaque côté, l'espèce d'avant-cour qu'on a nommée *cour des ministres*, parce qu'ils servaient aux bureaux des divers ministères, bâtimens nommés eux-mêmes, par la même raison, *ailes des ministres*. Ils ne présentent aucun style, aucun ornement d'architecture, et ne sont que vastes, si bien qu'on les prendrait plutôt pour des casernes que pour les ailes d'une maison royale.

_____

(1) Ils sont connus sous le nom d'*ailes de pavillons.*

Voilà les divers édifices qu'a pu contempler, en arrivant sur la place d'armes, l'auteur dont nous venons de parler, et c'est la plus grande critique à faire de cette façade, que d'y voir plusieurs palais en un seul.

Il faut convenir toutefois que cet ensemble, malgré ses disparates, n'est pas aujourd'hui sans effet, et cet effet est celui d'une perspective théâtrale. Le maréchal de Bassompière pourrait bien n'y plus reconnaître son *chétif château de Versailles*, expression que je trouve citée partout, et qui me paraît peu digne de tant d'honneur. Des combles en plomb, couronnés de sculptures délicates; des balcons richement travaillés et fraîchement redorés, des balustrades, des vases et des trophées; des bustes, des statues et des groupes exécutés par les artistes de Louis XIV; enfin, huit jolies colonnes doriques en marbre rouge, un grand balcon en marbre blanc, une élégante cour pavée en carreaux de ces deux sortes de marbres, comme un vestibule, tout cela joint aux nouvelles constructions, les unes belles, les autres grandes, qui en sont les appendices, me semble ne pouvoir appartenir à un simple particulier, et décéler la demeure d'un souverain.

Les bustes, presque tous en marbre blanc, et tous antiques ou imités de l'antique, qui

garnissent, au nombre de 80, les entre-deux
des fenêtres, sont posés sur autant de consoles
en pierre de taille, dont la couleur grise tranche
agréablement avec le rouge foncé de la brique.
Les statues et groupes entremêlés de vases et
de trophées qui couronnent d'une manière
avantageuse les balustrades du comble, sont,
en commençant par la droite :

La Richesse, par Marsy ;

La Justice, par Coysevox ;

Pallas, par Girardon ;

La Prudence, par Massou ;

La Diligence, par Raon, tenant une branche
de thym, sur laquelle le bon Piganiol a cru voir
une abeille symbolique, qu'il nous a été impossible de découvrir, soit qu'elle ait disparu, ou
qu'elle n'y ait jamais été, ou qu'un aussi petit
individu ne soit pas visible à cette distance ;

La Paix, par Regnaudin ;

L'Europe, par Legros, et l'Asie, par Massou, en un seul groupe ;

Dans l'encoignure, une Renommée, par Lecomte, et à l'encoignure opposée, une Victoire,
par L'Espingola ;

De l'autre côté, l'Afrique, par Lehongre,
et l'Amérique, par Regnaudin, en un seul groupe,
faisant le pendant de celui de l'Europe et de
l'Asie qui est en face ;

La Gloire, par Regnaudin ;

L'Autorité, par Lehongre ;

La Richesse, par le même, correspondant á celle que nous avons vue sur la balustrade opposée ;

La Générosité, par Legros ;

La Force, par Coysevox ;

L'Abondance, par Marsy.

Toutes ces allégories ne sont pas également claires, et sans Piganiol, le seul auteur qui en parle, nous en eussions laissé la plus grande partie au bout de la plume.

Les deux statues à demi-couchées qui couronnent, en forme de fronton, le milieu de la façade principale, sont à la fois et les plus caractérisées de toutes, et les mieux exécutées. A droite, c'est le dieu Mars, par Marsy ; à gauche, c'est une figure allégorique de Louis XIV, sous la forme d'Hercule, qui se repose après avoir triomphé de tous ses ennemis, par Girardon : l'horloge qu'elles paraissent soutenir n'est destinée qu'à marquer l'heure fatale de la mort du dernier Roi. Elle n'a rempli encore sa funèbre tâche que pour le décès de Louis XIV et pour celui de Louis XV, qu'elle indique encore aujourd'hui, à deux heures moins un quart. Elle n'a pas changé de place depuis.

Les deux ailes latérales du château de
Louis XIII présentent la singularité d'être com-
posées de divers corps de logis débordant l'un
sur l'autre, de manière que la cour qui les
sépare va se rétrécissant à mesure qu'on avance,
jusqu'au très-petit carré qui forme la *cour de
marbre*. Cette bizarrerie a été imitée dans les
nouvelles ailes des pavillons, et même surpassée
dans celles des ministres, reculées hors de toute
proportion ; ce qui rapetisse d'autant la façade
principale, en la jetant dans un profond enfoncement, où elle est tout-à-fait effacée, éteinte
pour ainsi dire par ses accessoires.

A ce mauvais effet, se joint encore celui de
mettre en opposition des constructions en brique avec des constructions en pierre, le rouge
foncé des premières avec la blancheur éclatante
des dernières, l'architecture d'un règne avec
celle d'un autre. C'est de ces oppositions que
résulte le défaut d'harmonie que nous avons ob-
servé plus haut. Un autre grand inconvénient
des nouvelles ailes, est que celle des ministres
achève, du côté du nord, de masquer la chapelle du Roi, que ne masque déjà que trop l'aile
des pavillons ; si bien qu'on ne la voit pas, à
proprement parler ; on l'entrevoit seulement, à
travers l'intervalle qui sépare les deux bâtimens,

pourvu, toutefois, qu'on se place vis-à-vis de cet intervalle. Dans toute autre position, on ne la voit que par le comble.

Contigus au château dont ils ont prolongé les ailes, les deux bâtimens des pavillons succèdent à ceux qu'avait fait construire Louis XIV, à la même place, mais dans un style bien plus modeste, afin de ne pas éclipser par trop d'éclat celui qu'il avait résolu de respecter. Ce système combattu du vivant même de Louis XIV, ayant cessé après lui, on n'a pas craint de substituer à ces deux ailes deux édifices somptueux, où l'architecte Gabriel a tâché de déployer toute la richesse de l'ordre corinthien, sans être parvenu à lui donner toute la grâce et la légèreté dont cet ordre est susceptible. Il est à noter que ce sont les seuls pavillons et les seules colonnes corinthiennes qu'offre, à l'extérieur, le château de Versailles.

Ces deux ailes attendent une nouvelle façade qui doit les réunir et cacher tout-à-fait, remplacer même en partie, si le plan de Gabriel achève de s'exécuter, le château de Louis XIII, dont on ne conservera que les trois corps de logis de la cour de marbre, laquelle deviendra dès-lors une cour intérieure.

Quant aux ailes des ministres, aucun plan, aucun vœu ne tend à les conserver. Un de leurs inconvéniens, joint à tant d'autres, est de couper l'alignement des deux avenues de Sceaux et de St.-Cloud, dont les rayons visuels viennent se réunir à un foyer commun, dans le milieu de la cour. Ce foyer est marqué par un large pavé au milieu duquel s'ouvrait, dans le principe, une grille formant la séparation de la cour royale et de celle des ministres.

Les curieux aiment à se placer sur cette pierre, d'où ils portent à la fois leurs regards sur les trois avenues. Il est impossible alors de ne pas regretter que ce point de vue intéressant soit caché en partie par les deux bâtimens des ministres, qui ne déparent pas moins les dehors du château que le château même, et que ces deux bâtimens n'aient pas été plutôt construits sur les deux faces nord et sud de la place d'armes. Ils eussent pu la régulariser, au lieu que, dans l'état actuel, elle est tellement irrégulière, qu'on n'en saurait distinguer la figure, sans le secours des plans (V. celui qui est ci-joint), où l'on reconnaît avec surprise une surface triangulaire, dont un côté est légèrement arqué par la courbe que décrivent les grilles des grandes et petites écuries, et un angle fortement tronqué par la saillie de la grille du château. Ainsi rien ne se ressemble sur les quatre côtés de

cette vaste place ; car l'angle coupé en fait un
véritable quadrilatère, dont le plus petit côté
est formé, ou à peu près, par la grille du château, derrière laquelle se développe, jusqu'à la
façade, une immense cour, autrefois divisée en
trois, et réunie en une seule par la révolution
qui en a détruit les grilles ; seulement, pour
arriver à la cour de marbre, on monte cinq
marches qui forment la séparation de cette cour
d'avec celle des ministres.

Notre plan montre comparativement la différence de la place actuelle (n.º 1) avec celle
(n.º 2) dont nous soumettons l'idée à nos lecteurs : ce dernier recule la grille du château de
manière à rejeter dans la place d'armes l'avant-
cour, composée d'une rampe large et rapide,
qui ne ferait pas un aussi mauvais effet sur une
place que dans la cour d'un château (1).

En cessant d'être immense, ce qui n'est pas
nécessaire, cette cour deviendrait horizontale,
ce qui est plus essentiel ; et ce qui ne l'est pas
moins, sa grandeur serait proportionnée à celle

---

(1) Cette rampe pourrait être adoucie en la fondant
avec celle de la place, et en y faisant participer l'avenue, par un plan uniformément et très-légèrement
incliné.

du château auquel elle appartient; car la cour actuelle est incontestablement trop grande , tandis qu'une place d'armes n'a jamais trop d'étendue.

Les pavés des deux avenues latérales n'arrivent à la grille, dans l'état actuel, que par deux coudes qui commencent à l'entrée de la place d'armes , non sans faire un très-mauvais effet , au lieu qu'ils arriveraient directement à la nouvelle grille. Là , trois grandes portes s'ouvriraient sur chacune des trois avenues , et , pour donner à la place toute la régularité dont elle est susceptible, la grille pourrait décrire une courbe parallèle à celle que décrivent en face les grilles des grandes et petites écuries.

des
iues
es.

Ces deux derniers édifices sont les plus beaux de Versailles , après le château , et le plus bel ornement de la place d'armes ; plusieurs connaisseurs les regardent comme le chef-d'œuvre de Mansard. Au fond de deux vastes cours se présentent deux magnifiques façades en fer-à-cheval , au milieu desquelles s'ouvrent deux grandes portes cintrées , dont les montans sont enrichis de trophées en bas-relief, et chaque cintre couronné d'un fronton triangulaire. Dans les cintres , au-dessus de chaque porte , ressortent la tête et l'encolure de trois' chevaux en pierre. Dans le tympan , deux Renommées soutiennent un écusson qui réclame encore les armes de France , effacées du tems de la république. Tous ces ouvrages , d'un fort bon style , sont de Raon, Mazière et Granier. Deux ailes en retour , partant des deux extrémités de la façade , viennent rejoindre les grilles, qui sont bordées de trottoirs en dehors.

Ces grilles , renouvelées depuis peu , font regretter les anciennes à ceux qui les ont connues : elles étaient chargées d'ornemens emblématiques indiquant la destination du lieu , et on ne peut mieux exécutés. Les nouvelles consistent dans de simples barreaux terminés par des lances dorées , qui en forment toute la décoration.

Aussi grands l'un que l'autre , malgré leur nom de *grandes et petites écuries ,* et parfaitement semblables entre eux , ces deux majestueux édifices occupent le double intervalle qui sépare les trois avenues à l'entrée de la place d'armes. On a qualifié du nom de grandes celles du nord , parce qu'elles logeaient les chevaux du Roi. Ce nom , pris dans le sens géométrique , conviendrait davantage aux petites écuries , qui contiennent plus de chevaux que les grandes. Les deux réunies en peuvent loger environ 900 , et non 3 ou 4,000 , comme on le lit dans plusieurs auteurs : dans les grandes , sont les chevaux de manége ; dans les petites , les chevaux de course.

Sur les derrières des premières , dans l'aile qui borde la grande avenue , est un double manége destiné aux leçons d'équitation ; sur les derrières des secondes , directement au milieu , une grande et belle coupole de plomb couvre un manége circulaire, destiné à trotter les chevaux à la longe. Ce manége est une rotonde à laquelle aboutissent cinq écuries , qui sont comme autant de galeries ouvertes en ligne droite.

Si les grilles des écuries du Roi ne sont ni riches ni imposantes comme les anciennes, celle de la cour du château , qui leur fait face et qui vient d'être remise à neuf , est fort belle , surtout la grande porte, au-dessus de laquelle brille un magnifique couronnement doré , formant l'écusson des armes de France. Les deux guérites en pierre qui les terminent à droite et à gauche , servent de piédestaux à deux groupes également en pierre , qui représentent les victoires de la France , d'un côté sur l'Empire , de l'autre sur l'Espagne. Le premier est de Marsy , le second de Girardon.

A l'irrégularité des deux faces latérales de cette vaste place , s'est jointe encore celle d'une série de barraques qu'on a laissé bâtir du côté

du midi, et d'un corps-de-garde construit à la
suite par le gouvernement lui-même, sur les
dessins de M. Trouard ; il est vrai que, pour
en diminuer le mauvais effet, on lui a donné
l'apparence d'une tente, ou plutôt de cinq
tentes figurées par autant de pavillons et revê-
tues d'une peinture qui jouait la toile de coutil,
avant d'avoir été dégradée par l'intempérie des
saisons, au point d'être aujourd'hui presqu'entièrement effacée, ce qui semblait indiquer des
bâtimens provisoires, qui ne doivent, comme
les tentes, avoir qu'une existence momentanée.

Les yeux peu satisfaits de cette place et du
vieux château de Louis XIII, cherchent impa-
tiemment celui de Louis XIV, et le cherchent
vainement de ce côté, où l'unique objet qui les
captive est le joli vaisseau de la chapelle du
Roi, dont le comble doré, aussi riche de sculptures qu'élégant d'architecture, s'élève, sur la
droite, à une hauteur imposante. On s'étonne
de voir cet édifice d'un côté, et de ne pas remarquer son pendant de l'autre ; on ne s'étonne pas
moins de le voir entouré, masqué, serré presque
dans tous les sens par le château même, dont
il est le plus bel accessoire.

Si les premiers regards se portent vers ce
petit temple, les premiers pas s'y dirigent natu-

rellement, et c'est aussi la première chose qu'ont coutume de montrer aux curieux les indicateurs; ils ne leur proposent pas même de s'arrêter devant la façade que nous venons de décrire.

elle
oi.

Cette chapelle n'a pas de frontispice; elle est contiguë au château, du côté de l'entrée, qui est au couchant, elle l'est aussi du côté du nord; si bien qu'elle n'a de visible extérieurement que son chevet terminé en rond-point, et sa face méridionale, donnant sur l'espèce de ruelle ou de couloir qui la sépare de l'aile septentrionale des pavillons. La première de ces deux parties en est la plus apparente, après le comble, que sa hauteur rend visible de tous les côtés, et dont la magnificence répond à celle de tout l'édifice. Des sculptures et des groupes en pierre couronnent le faîtage; 28 statues de la même matière, et de 9 pieds de haut, garnissent les balustrades qui couronnent les murs. Elles représentent les douze apôtres et plusieurs pères de l'église, dont on ne distingue guères, par le double effet de la dégradation et de l'éloignement, ni les traits ni les attributs.

L'ordre corinthien règne, en pilastres canelés et d'un très-beau fini, dans tout le pourtour extérieur. Le même ordre règne dans l'intérieur, où la plus jolie voûte du monde, après

celle du ciel qu'elle représente, est supportée
par les plus belles colomnes corinthiennes que je
connaisse en France, après celles de la Maison-
Carrée de Nîmes et du Panthéon de Paris. Elles
sont striées, avec des filets qui, régnant dans
toute la longueur des cannelures, ajoutent beaucoup à leur délicatesse. Elles ne sont pas en
marbre, mais elles ont été si bien exécutées en
pierre de liais et de Tonnerre, et cette pierre,
blanche comme le marbre, est d'un grain si
fin et si pur, qu'elle ne jure pas du tout avec le
magnifique marbre de brèche violette qui forme
les appuis des balustrades dans les tribunes,
non plus qu'avec les pavés.

Ces derniers, distribués en compartimens de
diverses couleurs et dessinés en mosaïques, sont
si précieux, si brillans et si bien travaillés, qu'on
ose à peine y poser les pieds ; mais où les poser
ailleurs que sur le marbre, dans un temple entièrement pavé de cette riche matière, tant
dans le bas que dans les tribunes ? Si les appuis
des balustrades sont en marbre précieux, les
balustres sont en bronze doré. Les murs ont
été enrichis de bas-reliefs en pierre, les autels
de bas-reliefs en bronze, et tous ces ornemens
traités avec autant de soin que l'orfévrerie la
plus recherchée.

A la richesse de la sculpture, de l'architecture et de la peinture, à l'éclat de la dorure et du marbre se joignent encore la richesse et l'éclat des vitraux en glaces qui éclairent cette chapelle; leur forme cintrée et leur grande dimension ajoutent à leur beauté. L'admiration est telle, à la vue de tant de magnificence, qu'on ne peut se défendre d'un sentiment tout opposé pour le jugement de Voltaire, en songeant à ce qu'il a osé dire dans son *Temple du Goût*, afin de rehausser l'idée qu'il veut donner de ce temple merveilleux :

> « Il n'a rien des défauts pompeux
> De la chapelle de Versailles,
> Ce colifichet fastueux,
> Qui du peuple éblouit les yeux,
> Et dont le connaisseur *se raille*. »

Ne donne-t-il pas plus de prise lui-même la raillerie par le mauvais goût que décèle, en assez mauvais vers, une pareille opinion, qui montre jusqu'à quel travers d'esprit peut conduire la manie de la critique ? Soyons sévères dans nos jugemens, mais soyons justes avant tout : la critique, lorsqu'elle manque soit de justice, soit de justesse, retombe sur son auteur, qui se critique alors lui-même sans le vouloir. La chapelle de Versailles est, au ju-

gement de tous les connaisseurs, un vrai chef-
d'œuvre de goût : c'est le dernier ouvrage de
Jules - Hardouin Mansard, qui n'a pu le voir
finir avant sa mort.

Commencée en 1699, elle fut achevée en
1710, époque bien postérieure à la terminaison
du château ; ce qui rappelle qu'elle avait été
oubliée par le monarque et par l'architecte.
On n'en avait ni marqué ni laissé la place ;
on l'adossa, comme on put, à l'aile septentrionale, d'où elle ressort comme un véritable hors-
d'œuvre.

La première intention de Louis XIV était
qu'elle fût toute en marbre, somptuosité que
peuvent se permettre impunément les plus petits souverains de certaines contrées de l'Italie,
mais qui aurait coûté des sommes énormes à la
France, déjà épuisée par le château et par les
guerres. Les ministres n'osant s'y opposer, s'a-
dressèrent à M.me de Maintenon, toute puissante
auprès du monarque. Pour le persuader, elle
usa d'adresse, en lui représentant que ses mé-
decins avaient assuré qu'une chapelle de marbre
serait glaciale dans notre climat, et très-dange-
reuse pour la santé de Sa Majesté ; elle le con-
jurait en conséquence, pour ne pas compro-
mettre une santé si chère, de renoncer à son

projet ; et la chapelle fut construite en pierre de liais.

Elle a été successivement enrichie de toutes les productions des arts. A peine est-on entré qu'on se trouve ravi , comme en extase : les yeux avides et incertains de leur choix , courent de chef - d'œuvre en chef-d'œuvre , sans savoir où s'arrêter , au milieu de tant d'objets brillans ; tâchons d'en démêler cependant et d'en faire connaître au moins les principaux.

Nous avons déjà dit que la voûte de la nef représente le ciel : on y voit le Père éternel dans le séjour céleste , au milieu des nues , de sa gloire et de ses anges.. Il nous a paru manquer de vigueur et d'illusion : le corps tombe et semble suspendu à la voûte. D'un autre côté , les nuages nous semblent trop nébuleux et trop sombres. Si le Dieu des Hébreux a pu se montrer au sein de la foudre et des orages , sur le mont Sinaï , ce n'est point ainsi qu'on doit se le figurer dans le ciel , au séjour de l'éternelle félicité. Ces peintures , admirées d'ailleurs , mais malheureusement restaurées , sont d'Antoine Coypel , ainsi que les quatre Evangélistes en camaïeu , qu'on remarque dans les pendentifs de la même voûte.

Celles de la voûte du chevet , derrière le

maître-autel , représentent une Résurrection , par Lafosse , et celles de la tribune du Roi une Descente du Saint-Esprit , par Jouvenet. Elles sont toutes si belles , qu'il est difficile de juger entre les trois artistes lequel a le mieux réussi. Le petit plafond qui est derrière le chevet , dans le fond du rond-point, au-dessus de l'orgue, représente un concert d'anges en trois groupes , et ceux des tribunes latérales, les douze Apôtres. Tous ces plafonds sont des deux Boulongnes.

Dans les trumeaux de l'attique , au bas des archivoltes , on voit douze prophètes , par Coypel ; ils prédisent la venue du Messie ; la prédiction est exprimée par un passage de leurs prophéties qu'on lit au bas.

Les peintures de la chapelle de la Vierge , au plain-pied des tribunes , sont de Boulongne le jeune , et toutes des chefs-d'œuvre , particulièrement celle de la voûte , où il a peint une Assomption. Il est impossible de donner à Marie plus de grâce , plus de noblesse et plus de divinité. Elle n'est pas suspendue , elle quitte la terre ; elle ne monte pas , elle vole vers les cieux. Les quatre pendentifs sont des Anges portant les attributs que l'on donne à la Vierge , dans les litanies ; et le tableau de l'autel , une Annonciation. Sur le rétable , entre le tableau et l'autel, est un excellent bas-relief en bronze, par Coustou, représentant la Visitation de la Vierge.

Dans la même tribune, à côté de cet autel, est celui de Sainte-Thérèse; on y remarque un tableau où Santerre a peint cette sainte percée par un Ange d'une flèche miraculeuse, qui l'embrase de l'amour divin, et sur le devant de l'autel, un bas-relief en bronze, représentant la mort de la sainte.

Dans les bas côtés ont été placés, aux embrasures des croisées, faute de chapelles, des autels qui, tous brillans de marbres précieux et de dorures, sont enrichis, au rétable, de reliefs en bronze de la plus grande beauté. Le premier, à droite, est celui de S.te Adélaïde, qui fait ses adieux et des présens à S.t Odillon, abbé de Cluny. C'est un chef-d'œuvre d'Adam l'aîné, suivant les uns, de Coustou jeune, suivant les autres.

Le second, qui n'est pas aussi bien traité, représente S.te Anne, montrant à lire à la Vierge; il est attribué à Vinache.

Le troisième, dans le rond-point, ne le cède pas au premier; il représente S.t Charles-Borrhomée, demandant à Dieu, dans une procession solennelle, la cessation de la peste qui affligeait la ville de Milan : il est attribué à Bouchardon.

L'autel du Sacré-Cœur, dans le milieu du rond-point, n'a pas le même genre d'ornement; mais il est revêtu de marbres précieux, et construit sur les dessins de Gabriel. On n'y voit plus, sur le tabernacle, le superbe crucifix d'ivoire envoyé par Auguste, roi de Pologne, au Dauphin, père de Louis XVI : il a été donné par Buonaparte, après son couronnement, au pape Pie VII.

Dans l'autre côté du rond-point, est l'autel de S'.-Philippe, décoré d'un excellent bas-relief en bronze, que les uns attribuent à Coustou, les autres à Adam l'aîné. Quoi qu'il en soit, le martyre de ce saint y est rendu avec une effrayante vérité. Dans le bas côté du nord, au-dessous de la chapelle de la Vierge, dont nous avons déjà parlé, est celle de S'.-Louis. On peut les regarder comme les deux seules chapelles proprement dites que renferme cette église, puisque les autres autels sont tous placés dans des embrasures de fenêtres. Cette dernière se recommande aux amateurs par un tableau fort bon, mais fort dégradé, où Jouvenet a peint St. Louis pansant lui-même les blessés, après la bataille de Massoure ; et par un bas-relief en bronze, placé sur le devant de l'autel, qui représente le même roi, servant des pauvres à table ; il est attribué à Poirier.

Un dernier autel, appelé *chapelle de Sainte-Victoire*, qui est le premier à gauche, en entrant, est orné, au rétable, du plus beau de tous les bas-reliefs en bronze que nous avons admiré jusque-là ; il est d'Adam le jeune, et représente la sainte qui se laisse égorger par le grand-prêtre de Jupiter, plutôt que de sacrifier à ce dieu des payens. On y voit l'autel antique avec le mot *Jovi*, un taureau qu'on se prépare à immoler, l'aigle de Jupiter à un coin du tableau, entre deux pieds qui semblent sortir du cadre, et qu'on juge être ceux du dieu, mais qui font un singulier effet, sans le reste du corps.

Ce serait omettre le principal, que de ne point parler du maître-autel, quoique sa richesse ne réponde pas à celle du reste de l'église ; il a été dessiné par Gabriel. Les deux anges adorateurs, en bronze doré, ainsi que les autres ornemens de sculpture qui le décorent, sont de Coustou.

On ne doit pas non plus omettre, parmi les nombreux bas-reliefs dont les murs sont enrichis, les deux meilleurs de tous, qui décorent la tribune du Roi, savoir : la Circoncision, par

Poirier, et Jésus au milieu des docteurs, par Couslou.

Nous bornerons ici la description de la chapelle du Roi, dont nous avons omis exprès plusieurs détails, afin de ne pas fatiguer l'attention de nos lecteurs. Les indicateurs du château ont coutume de n'introduire les curieux que dans la tribune du Roi, qui, placée en face de l'autel, est celle d'où l'on peut mieux saisir tout l'ensemble; mais, pour les détails, il faut parcourir l'église dans toutes ses parties, comme nous venons de le faire.

Après avoir payé un juste tribut d'admiration à cet édifice, nous conviendrons pourtant avec Voltaire, qu'il n'est pas d'une belle proportion, la nef ayant 109 pieds de long, sur 42 seulement de large, non compris les bas côtés, qui ont 9 pieds, et les arcades, qui en ont trois. Nous ajouterons que cette forme oblongue est loin de valoir l'élégante croix grecque de la chapelle du collège, et que l'architecte de celle du Roi n'a pas péché moins contre les lois de la symétrie, que contre celles des proportions, lorsqu'il a construit, sur la face septentrionale, une petite chapelle en saillie, qui n'a pas sa correspondante du côté opposé. Mais ces défauts sont rachetés par tant de beautés, qu'ils échappent aisément à l'attention.

Au sortir de la chapelle, il convient d'arrêter un instant nos lecteurs dans le vestibule d'entrée, pour leur faire remarquer, en passant, combien ce vestibule, quoique pavé en marbre, est inférieur à ceux du Louvre, et combien le célèbre Puget est inférieur à lui-même, dans le bas-relief où il a voulu représenter Alexandre devant le tonneau de Diogène. Le sujet est heureusement choisi, heureusement exécuté quant à la sculpture, mais bien mal réussi quant à la composition : on n'y reconnaît que le ciseau, et non le génie du grand sculpteur. Cette main de Diogène, tendue vers le conquérant de l'Asie, a l'air de lui demander l'aumône, au lieu de l'inviter fièrement à s'ôter de devant son soleil. Cette tête d'Alexandre n'est pas celle dont les statues et les médailles nous ont transmis les traits. Celle de son Bucéphale n'est qu'une tête de poulain; et ce chien, qu'on prendrait à sa forme pour un lion, et qu'une main nerveuse cherche à retenir, pour l'empêcher sans doute de s'élancer sur le pauvre philosophe, ne va-t-il pas droit à lui, s'il cède à la chaîne qui le tire avec force de ce côté?

« *Quandoquè bonus dormitat Homerus.* »

Nous venons de voir que c'est au bout de l'aile septentrionale du château qu'a été placée

6

la chapelle ; c'est à l'autre extrémité de la même aile qu'a été construite, sous le règne suivant, la salle de l'Opéra.

Salle de l'Opéra. Cette salle commencée en 1753, d'après les plans de Gabriel, et achevée en 1770 (pour le mariage de Louis XVI, alors Dauphin), prouve que les grands artistes et les chefs-d'œuvre ne sont pas l'apanage exclusif du siècle de Louis XIV. C'est à la fois la plus belle et l'une des plus grandes de l'Europe. Elle peut contenir 3000 personnes ; sa longueur, depuis le fond de l'amphithéâtre jusqu'au rideau, est de 72 pieds ; sa largeur de 60, sa hauteur de 50 ; 14 colonnes ioniques, cannelées et dorées, séparent les loges en douze balcons, dont les balustres sont également dorés, ainsi que tous les ornemens. Les peintures imitaient les marbres les plus précieux, et jusqu'aux pierreries : à leur éclat et à celui des dorures, se joignait encore celui des lustres et des glaces qui les répétaient.

Le plafond, peint par Durameau, représente Apollon, Vénus et l'Amour qui préparent des couronnes, le cheval Pégase s'élevant dans les airs, la comédie, la tragédie et la musique, la poésie pastorale, la poésie lyrique et la danse. On aperçoit, d'un côté, des artistes et des auteurs se livrant à l'étude ; de l'autre, la peinture, l'architecture et la mécanique, avec leurs attributs.

« Nous avons vu cette salle, dit l'un des auteurs qui l'ont décrite avant nous, éclairée par dix mille bougies. Les glaces, les lustres, les belles peintures et la dorure, répandus avec profusion, produisaient un effet merveilleux. Chaque fois qu'on y jouait un grand opéra, la dépense était de plus de 100 mille francs. »

Nous n'avons pas eu nous-mêmes le bonheur de jouir de ce magnifique spectacle ; mais il avait vraiment, d'après tous ceux qui l'ont vu, quelque chose qui tenait de l'enchantement. Tel en était l'éclat, qu'il éclipsait les toilettes les plus brillantes, et que les yeux ne pouvaient le soutenir sans en être éblouis.

On a peine à concevoir une dépense de 100 mille francs par représentation : ce qu'il y a de sûr, c'est que Louis XVI, d'après l'esprit d'économie qui le dirigeait, n'en permit qu'un très-petit nombre durant son règne (1).

___

(1) Il existe, pour les spectacles ordinaires de la cour, une très-petite salle, située dans l'aile nord des pavillons : on ne la montre pas, parce qu'elle ne mérite pas d'être vue.

Cette salle d'opéra se changeait en salle de bal pour les fêtes de la cour ; c'est dans cet état qu'elle a été surprise par la révolution, et qu'elle est restée depuis ; c'est aussi dans cet état qu'elle brille de toute sa magnificence ; son étendue alors est plus que doublée par celle du théâtre, qui, débarrassé de ses coulisses, offre un pourtour de vingt-quatre colonnes ioniques. Elles sont séparées de celles de la salle par huit magnifiques colonnes corinthiennes, placées des deux côtés de l'avant-scène : le parquet est couvert d'un plancher, nivelé avec celui du théâtre. Le dernier bal a été celui qui eut lieu à l'occasion du fameux repas donné par les gardes-du-corps aux officiers du régiment de Flandre.

Il est malheureux que tant de pompe, tant de richesse et tant de frais soient perdus. Cette somptueuse salle ne sert plus depuis long-tems ni à l'une ni à l'autre de ses deux destinations, et ne se montre aux curieux que comme ces vieux monumens dont on court admirer la conservation et plus souvent les débris. Elle ne tardera pas à se présenter elle-même sous ce dernier et triste aspect, si elle continue à rester dans l'abandon où nous la voyons depuis trente ans : construite presque de nos jours, c'est déjà une antiquité.

L'extérieur de cette salle est nul des deux côtés du midi et du couchant, qui sont contigus au château ; la face du levant, qui donne sur la rue des Réservoirs, n'a que de la noblesse, sans rien de remarquable. Le côté du nord, qui donne sur le réservoir même des eaux destinées au parc, est sa véritable face. Pour bien l'examiner, il faut parcourir l'espèce de trottoir qui entoure le bassin. Elle est d'ordre ionique, comme tout le reste du château, qu'elle termine magnifiquement de ce côté ; mais on ne la voit qu'en partie, soit de la rue des Réservoirs, soit de la partie du jardin qui l'avoisine du côté opposé. Tout le bas est caché par le massif qui soutient les eaux à une hauteur de 3o pieds au-dessus du sol. Cette promenade aérée est charmante par le coup-d'œil dont on y jouit. Elle était fréquentée de Mesdames de France, qui aimaient à y prendre le plaisir de la pêche au hameçon.

Le réservoir est alimenté par le Château-d'Eau qu'on voit, tout près de là, dans la rue des Bons-Enfans, et qui est alimenté lui-même par les eaux de la butte de Montbauron.

Quand on a vu la chapelle et l'Opéra, on a tout vu dans l'aile septentrionale du château, je veux dire tout ce qu'elle a de vraiment curieux.

Le reste est composé d'appartemens où sont logés le gouverneur du château, les officiers supérieurs et les gens de la maison du Roi. L'escalier en pierre de taille par lequel on monte au premier étage, serait, partout ailleurs qu'au château de Versailles, remarqué par sa hardiesse réunie à la solidité.

Arrivé à cet étage, on trouve un autre corridor qui, comme celui du rez de chaussée, parcourt cette aile dans toute sa longueur. Le premier nous conduit de la chapelle à l'opéra; le second, des loges de l'un aux tribunes de l'autre. La salle qui forme le vestibule de ces tribunes, n'est pas sans intérêt, quoique sans dorure, sans peinture et sans autre marbre que celui dont elle est pavée; mais on y voit de belles colonnes corinthiennes en pierre blanche, comme celle de la chapelle, et deux bonnes statues en marbre blanc, *la Magnanimité*, par Rousseau, et *la Gloire*, par Vassé.

GRANDS APPARTEMENS.
——
Salon d'Hercule.

Ce vestibule est aussi celui des grands appartemens, qui commencent par le salon d'Hercule, ainsi nommé parce que le plafond représente l'apothéose de ce demi-dieu. C'est le chef-d'œuvre de Lemoine, qui a mis cinq ans à l'exécuter. Il l'exposa, pour la première fois, aux regards de Louis XV et du public, le 26 septembre 1736. C'est la plus vaste composition qui existe en peinture, d'après ses dimensions prodigieuses de 64 pieds de long sur 54 de large.

Une heure entière suffit à peine pour en saisir l'ensemble et les détails. Les dieux et les déesses de la mythologie s'y trouvent réunis sans confusion, et caractérisés par leurs attributs distinctifs. Les figures, au nombre de 142, sont si avantageusement groupées et si bien détachées du fond, qu'en les examinant attentivement, on se laisse entraîner au charme de l'illusion : j'ai cru assister à la réception d'Hercule dans l'Olympe : on y voit le héros aux larges épaules, aux nombreux exploits, au courage indompté, laissant sur la terre la fierté qui le caractérise, s'avancer avec une noble modestie, sentiment convenable à sa nouvelle position, vers la jeune Hébé que Jupiter lui offre pour épouse.

Ce maître des dieux nous paraît le personnage le moins bien traité : pour le placer au haut du ciel, sur le dernier plan de son tableau, et lui donner des formes plus célestes, en les rendant plus aériennes, l'artiste lui a refusé le coloris vigoureux et les grandes proportions qui conviennent au *Deo optimo maximo* des anciens. Ainsi le principal personnage, celui qui seul avait le droit d'effacer tous les autres, à l'exception toutefois d'Hercule, qui devait avoir aussi son ton de vigueur particulier, se trouve effacé lui-même par les Dieux qui l'entourent.

L'idée de ce plafond qui nous représente, dans l'Olympe, Jupiter et toute sa cour, a pu être suggérée à Lemoine par le ciel que Coypel avait peint avec tant de succès à la voûte de la chapelle, en y commettant la même faute que nous venons de reprocher à Lemoine ; c'est-à-dire que, faute de vigueur et de coloris, le Père éternel de l'un semble n'être qu'ébauché, comme le Jupiter de l'autre. Mais pourquoi accuser les auteurs de ces deux tableaux ? Ne savons-nous pas qu'ils ont été restaurés ? Le défaut que nous censurons est peut-être celui du peintre restaurateur. Lemoine a voulu de plus exprimer, par ce trait de la mythologie mis en scène, une grande pensée morale qui peut échapper, malgré sa justesse, à l'attention de plus d'un amateur, savoir : *Que la vertu élève l'homme au-dessus de lui-même, lui fait surmonter les travaux les plus difficiles, et le conduit à l'immortalité.*

Ainsi le même vestibule qui nous introduit en même temps dans la chapelle du Roi et dans le salon d'Hercule, semble nous admettre, d'un côté, dans la cour céleste du dieu des Chrétiens;

de l'autre, dans celle des dieux de la fable : rapprochement assez piquant auquel on ne paraît pas avoir fait attention jusqu'ici.

Malgré le mérite qui le distingue, ce tableau de Lemoine n'est ni le premier remarqué, vu qu'on ne pense pas d'abord à regarder au-dessus de sa tête, ni le plus remarquable, à côté de celui de Paul Véronèse, qui, placé devant la porte d'entrée, représente Jésus-Christ chez Simon le pharisien, et la femme pécheresse à ses pieds, qu'elle arrose de ses larmes. C'est un des meilleurs ouvrages de ce chef de l'école vénitienne ; les personnages, au nombre de 43, y sont tous détachés et si distincts, les contours si bien marqués, qu'on a peine à y reconnaître les accessoires ; ils ont tous le même fini, le même relief ; rien n'y paraît sacrifié : le fond et le coloris ont ce ton de majesté qui caractérise toutes les productions de Paul Véronèse.

Ce beau tableau était dans le couvent des Servites de Venise. Louis XIV le fit demander à ces moines, qui s'obstinèrent à refuser les sommes considérables qu'il leur en offrait ; mais ils s'en repentirent bientôt : le sénat, informé du désir de Louis XIV, fit enlever le tableau, pour l'offrir en hommage au monarque.

On dit qu'il est question de l'enlever encore

au château de Louis XIV., pour le placer
au Musée de Paris, où il serait fort bien sans
doute ; mais il y a si long-tems qu'il est à la
place qu'il occupe ! Respectons, comme l'a fait
le grand Roi, les intentions de nos pères, et
ne dépouillons pas un palais pour un autre palais, une ville pour une autre ville.

Sur la cheminée qui est en face de ce tableau,
on en voit un autre du même maître, qui a
pour sujet Rebecca recevant de la main d'Eliézer (1) les présens d'Abraham. Lemoine disait
souvent, en peignant son plafond : On me
donne de redoutables voisins, je n'ai qu'à bien
me tenir.

Les bordures des deux tableaux de Paul Véronèse sont sculptées par Vassé, et encastrées
dans le marbre dont est formé le revètement
de ce salon, ce qui l'a fait nommer également
salon de marbre ou *salon d'Hercule.* Vingt
pilastres de marbre de Rance, dont les bases
et les chapiteaux corinthiens sont d'or moulu, y
soutiennent une large corniche dorée de même.

Ce salon a servi de chapelle, sous Louis XIV,

---

(1) *Eliézer*, et non *Eléazar*, comme on le lit dans
le Dictionnaire des environs de Paris, par le savant
M. Dulaure.

jusqu'en 1710 , époque où la chapelle du Roi fut terminée. Il était très-simple d'abord ; on n'a pensé à le décorer qu'en 1729 : c'est aujourd'hui une des pièces les plus riches du château.

De la salle d'Hercule nous passons dans celle de l'Abondance , portant , comme la pièce qui précède et comme toutes celles qui suivent , le nom du sujet peint au plafond. C'est ici que nous quittons l'aile septentrionale du château , pour pénétrer dans le corps du bâtiment principal , dont nous allons parcourir d'abord , en suivant la marche la plus ordinaire des indicateurs , le côté du nord , consistant en une suite de sept pièces qui commencent par celle où nous sommes.

Le tableau représentant le personnage allégorique de *l'Abondance* , avec une foule d'accessoires qui pourraient mériter l'honorable reproche d'être mieux traités que le sujet principal , a été peint par Houasse , élève de Lebrun. Les murs de la salle sont dépouillés de leurs tentures.

En quittant la salle de l'Abondance , nous entrons dans celle de Vénus , dont le plafond est peint de même par Houasse. On y voit cette déesse sur un char attelé de deux colombes ; des guirlandes leur servent de traits ; elles ne

tirent pas, elles ne volent pas, elles voltigent.
La déesse est soutenue par un cygne, et couronnée par les trois Grâces. Jupiter, Mars,
Neptune, Bacchus, Vulcain, etc., ornent son
triomphe, ainsi que les amans les plus célèbres
de l'histoire et de la fable, Titus et Bérénice,
Antoine et Cléopâtre, Jason et Médée, Thésée
et Ariane : on regrette de ne pas voir dans le
nombre Hercule et Omphale.

Les quatre tableaux qui accompagnent ce
plafond sont du même Houasse et autres élèves
de Lebrun. Le premier, en face des fenêtres,
représente, dit-on, Nabuchodonosor faisant
élever les jardins de Babylone à la hauteur des
montagnes de Médie, pour plaire à Sémiramis,
sa femme, qui était Mède (1). Le second est

---

(1) C'est ainsi que le disent tous les auteurs, d'après
Piganiol, qui a pris, ainsi que le peintre, ce trait
historique je ne sais où. J'ai compulsé en vain la riche
bibliothèque du Mans, en vain j'ai consulté, après les
nombreux auteurs d'histoire ancienne qu'elle renferme, les nombreux savans que renferme cette ville,
je n'ai rien trouvé dans la vie des deux Nabuchodonosor qui puisse expliquer le sujet de ce tableau d'histoire, et justifier l'anachronisme que présente la
coexistence de Sémiramis avec ces princes, qui n'ont
paru sur la scène du monde que 14 siècles après la

Alexandre épousant Roxane ; le troisième, Cyrus faisant passer ses troupes en revue devant
une princesse, pour lui donner ce spectacle; le
quatrième, Auguste donnant au peuple romain
le plaisir de la course du cirque. On conçoit
le rapport des trois premiers tableaux avec la
déesse des amours ; mais qu'y a-t-il de commun
entre cette déesse et le spectacle des courses de
char donné au peuple romain (1) ?

Une niche où était jadis une statue de Cin-
cinnatus, non moins déplacée auprès de la mère
des amours, doit recevoir dans peu la statue de
cette déesse, dont l'exécution a été confiée au

---

fameuse reine de Babylone. L'un d'eux aurait-il
épousé une princesse mède de ce nom ? C'est ce que nos
recherches n'ont pu nous faire découvrir. Quoi qu'il
en soit, nous ne pouvons applaudir aux artistes qui
puisent ainsi, pour occuper leur pinceau ou leur ciseau, quelques traits obscurs dans les ténèbres de l'histoire, si féconde en faits célèbres, plus dignes d'exercer
leurs talens et plus faciles à reconnaître.

(1) Puisque nous en sommes au chapitre de la critique, nous demanderons encore au peintre restaurateur de ce plafond, qu'y a-t-il de commun entre la
blonde chevelure de Vénus et les jaunes boucles de
cheveux, tombant en larges tirebouchons, dont il l'a
coiffée ?

ciseau de M. Dupati : c'est nous garantir qu'elle sera digne de sa destination.

On voit dans cette salle deux belles perspectives, par Rousseau, homme d'un mérite rare pour ce genre de peinture, qui l'a rendu moins célèbre en France qu'en Angleterre où il est mort (1).

On ne doit pas quitter cette magnifique salle, sans y admirer les revêtemens et colonnes de marbre, les corniches et sculptures dorées dont elle est enrichie avec profusion, car nous ne saurions imiter le silence que gardent tous les auteurs sur cette partie essentielle des ornemens répandus dans l'intérieur du château de Versailles.

Salle de Diane.

La salle de Diane, très-riche aussi de sculptures et de dorures, succède à celle de Vénus. Cette déesse, qui préside à la chasse et à la navigation, est représentée au plafond, assise au milieu du disque de la lune, sur un char tiré par deux biches, et accompagnée des Heures,

---

(1) Ce n'est pas sans quelque vanité nationale, que j'ai vu à Londres les plus belles peintures de perspective, dont cette ville puisse se vanter, celles du Muséum britannique, exécutées par un Français, et ce Français était Rousseau.

qui ont de petites ailes ; une femme tient un filet à prendre des oiseaux , une autre le gouvernail d'un vaisseau. Ce plafond est de Blanchard.

Dans les cintres sont quatre tableaux représentant César qui envoie des colonies à Carthage; Cyrus, encore jeune , qui attaque un sanglier ; Jason abordant à Colchos pour conquérir la toison d'or , et Alexandre chassant au lion. Les deux premiers sont d'Audran ; les deux derniers, de Lafosse , qui a peint aussi sur la cheminée le tableau représentant Iphigénie , au moment où Diane fait paraître une biche pour être immolée à sa place. Au-dessous est un petit bas-relief de Jacques Sarrasin , qui représente la fuite en Egypte. Il est en marbre et fort estimé.

Dans la salle de Mars , qui est à la suite , ce dieu est peint au milieu du plafond , sur un char tiré par des loups. Des Cyclopes fournissent des armes aux Génies de la guerre prêts à le suivre. Dans le fond , d'autres Génies renversent Saturne et lui arrachent sa faux ; l'Histoire écrit derrière , sous la dictée de la Renommée : ce tableau est d'Audran. On en voit deux autres aux extrémités du même plafond , l'un d'Houasse , l'autre de Jouvenet. Le premier est un groupe allégorique tout-à-fait inexplicable,

quand on ne sait pas ce qu'il représente, et tout-
à-fait absurde, quand on le sait (1). Le dernier
représente la Victoire soutenue par Hercule ;
des Génies l'accompagnent et se disputent des
couronnes.

Nous passons sous silence quatre dessus de
portes qui doivent être changés, et sont d'ailleurs peu remarquables, ainsi que plusieurs
tableaux en camaïeu, pour admirer un beau
buste de Louis XIV, par le cavalier Bernin, et
aux quatre angles, les magnifiques reliefs qui
représentent les quatre nations vaincues.

Salle
de
Mercure.

Dans la salle de Mercure, ce dieu a été peint
au plafond par Philippe de Champagne, sur un
char tiré par des coqs. Ses cheveux, comme ceux
de Vénus, tombent en longs anneaux plutôt
jaunes que blonds, et n'ont rien de cette légèreté aérienne qu'on doit supposer à la chevelure
des dieux, surtout quand ils sont dans les airs.

(1) J'en appelle à l'explication donnée par le bon
Piganiol et répétée par tous ses successeurs : « *C'est
la Terreur, accompagnée de la Fureur et de l'Ire,
qui poussent la Crainte et la Pâleur, pour épouvanter
les Puissances de la terre.* » Qu'on juge ce qu'un pareil galimatias peut signifier en peinture. Pourquoi
les peintres qui ne savent qu'exécuter, n'invoquent-
ils pas le secours de quelque génie créateur ?

A côté du char est la Vigilance, symbolisée par la grue; le Point du Jour la précède, les Arts et les Sciences l'accompagnent.

Les quatre grands tableaux qui décorent les quatre côtés de cette salle, sont également de Champagne. Dans l'un, c'est Alexandre le grand qui se fait présenter plusieurs animaux destinés à enrichir l'histoire naturelle de son maître Aristote. Dans un autre, c'est le même prince qui donne audience aux philosophes indiens, nommés gymnosophistes. Dans le troisième, c'est Ptolomée qui s'entretient avec des savans; et dans le quatrième, Auguste recevant à Samos les ambassadeurs des Indes, pour conclure avec eux un traité d'alliance. Ils lui présentent des tigres et des vases remplis de perles et de corail.

Les riches ornemens dorés, les sculptures, les guirlandes, les corniches, les reliefs, surtout les encoignures du plafond, concourent à la magnificence de cette salle, dont les murs, non revêtus de marbre, comme les autres, réclament encore leurs tentures qui, enlevées dans la révolution, n'ont été ni rétablies depuis, ni remplacées.

C'est dans cette pièce qu'est la belle horloge de Louis XIV : on y voit ce prince sortir par une petite porte à deux battans, qui s'ouvre pour lui à chaque heure ; une Renommée est au-dessus de sa tête et le couronne ; un coq et un aigle battent des ailes ; les heures sonnent ; un carillon leur succède. Dès qu'il a cessé, le Roi se retire, et la double porte se referme sur lui.

Salle d'Apollon.

La sixième salle est celle d'Apollon, jadis la salle du trône. Ce Dieu a été peint au plafond par Lafosse, sous la figure d'un enfant. En voyant, pour la première fois, Apollon sous ces formes enfantines, j'ai cru d'abord reconnaître le fils de Vénus, et je cherchais encore le dieu du jour, lorsqu'enfin il a bien fallu reconnaître ce dernier à son char, traîné sur les nuages par quatre coursiers : les quatre Saisons, figurées par Flore, Cérès, Bacchus et Saturne, l'accompagnent. La France et la Magnificence sont assises auprès du char.

Les tableaux des quatre côtés sont : Auguste, qui fait faire un port à Misène ; Vespasien, qui fait bâtir le Colysée de Rome ; Coriolan, qui se laisse fléchir par sa mère et les dames romaines ; enfin Alexandre, qui s'entretient avec Porus, roi des Indes ; ils sont de Lafosse, comme ceux des quatre encoignures, qui représentent les quatre parties du monde.

Le tout est magnifiquement encadré ; riches moulures, personnages, guirlandes, enroulemens de feuillage, ornemens de toute espèce ; on dirait que les accessoires cherchent à disputer le prix de la beauté aux peintures qui sont l'ornement principal de cette salle. Nous ne parlons pas de deux dessus de portes qui doivent être changés. Cette pièce attend encore ses tentures.

La septième salle est celle de la Guerre. Le plafond, peint par Lebrun, représente la France portant un médaillon de Louis XIV, pour marquer que c'est à lui qu'elle est redevable de tant de victoires. Elle foudroie l'Allemagne, la Hollande et l'Espagne, placées dans trois cintres au-dessous du plafond. Dans le quatrième cintre, c'est Bellone en fureur, sur un char traîné par des chevaux fougueux, qui foulent aux pieds des hommes et des armes entassés. Un soldat menaçant la précède ; la Discorde la suit, embrâsant avec ses torches des temples et des palais, pendant que la Charité s'enfuit, sous la figure d'une femme éplorée qui tient un enfant dans ses bras ; la balance de la Justice et les vases sacrés sont à ses pieds. Des hommes effrayés expriment la terreur que répand au loin le fléau de la guerre.

Après les peintures du plafond et des cintres,

ce qu'on remarque avec le plus de plaisir dans ce salon, est un grand bas-relief ovale de 12 pieds de haut, renfermant une figure équestre de Louis XIV, qui forme, avec tous ses accessoires, un magnifique groupe. On s'étonne de le voir exécuté en plâtre, dans une salle où le marbre a été tellement prodigué, qu'elle en est presque entièrement revêtue, et où tous les ornemens sont de cette précieuse matière, à moins qu'ils ne soient en sculptures dorées, comme les cadres, les trophées, les armures, les corniches, les boucliers, les foudres, etc. On apprend qu'il avait été modelé en plâtre par Desjardins, pour être exécuté en marbre par les deux Coustou. Tel qu'il est, on l'admire : c'est le plus beau morceau de plâtre que j'aie jamais vu.

Six bustes de porphyre, prétendus antiques, drapés en albâtre et placés sur autant de gaînes en marbre, concourent merveilleusement à la décoration de cette salle. S'ils sont antiques, on en doit autant admirer la conservation que l'exécution ; s'ils ne le sont pas, ils mériteraient de l'être. C'est une acquisition faite en Italie, sous le règne et par ordre de Louis XIV.

Galerie de Lebrun. Nous entrons de cette salle, la plus belle que nous aient encore offert les appartemens du château de Versailles, dans la grande galerie, la plus belle en son genre qui soit au monde. Elle occupe, avec ce salon et celui de la Paix, qui est à l'autre bout, toute la longueur de la façade principale du château. Dix-sept grandes fenêtres cintrées l'éclairent : elles répondent à autant d'arcades garnies de glaces, où elles sont répétées, de manière qu'au premier coup-d'œil, on croit voir cette galerie percée de croisées, à gauche comme à droite, et qu'on promène également ses regards sur le parterre, les bosquets et le parc, d'un côté comme de l'autre. Elle a en longueur sept fois sa largeur, qui est de 32 pieds, et 40 pieds de haut, non 27 toises de longueur, sur 37 ½ d'élévation, comme le dit M. Dulaure, qui la fait ainsi plus haute que longue.

Tout ce qui n'est pas fenêtres et glaces est ou marbre ou peinture ; soixante pilastres en marbre rouge, à chapiteaux composites et dorés, garnissent, remplissent presque l'intervalle des croisées ainsi que des glaces ; le même ordre règne aussi aux deux extrémités, où deux colonnes détachées décorent les deux portes d'entrée. C'est quatre colonnes en tout, et non douze, comme le dit le *Cicerone* de Versailles.

Nous ne parlons pas de quatre piédestaux et de quatre niches, anciens emplacemens

d'autant de statues qui contribuaient à l'ornement de cette galerie, et qui, enlevées dans la
révolution, n'ont pas encore été renouvelées.
Elle est voûtée à plein cintre dans toute sa longueur, et la voûte est entièrement peinte par
Charles Lebrun.

Rien d'enchanteur et d'imposant à la fois
comme le premier aspect de cette superbe galerie. Ce qui fait son principal mérite et sa
grande réputation, ce sont les peintures de Lebrun, qu'il suffit de nommer pour annoncer des
chefs-d'œuvre. Il a consacré neuf grands tableaux et dix-huit petits à rappeler, sous des
figures allégoriques, les principaux traits de
l'histoire de Louis XIV, depuis la paix des
Pyrénées, en 1659, jusqu'à celle de Nimègue,
en 1678, sans compter les nombreuses et non
moins belles peintures de décoration dont il
a garni tous les intervalles.

Les allégories, en peinture, sont trop souvent des énigmes, quand elles ont été traitées
par des artistes médiocres; il n'en est pas de
même de celles qui ont été conçues par les
grands peintres. La justesse des idées, insépa-
rable du génie, les rend claires et frappantes
de vérité. On devine sans peine et sans effort
les conceptions simples et naturelles. Telles sont

celles de Lebrun, et cependant il a cru devoir venir à notre secours par des inscriptions explicatives, placées au bas de chacun des tableaux dont il a décoré sa galerie ; en quoi il nous paraît avoir donné à ses confrères un grand exemple qu'ils n'ont pas suivi. La plupart seraient bien fâchés de se rendre intelligibles par un semblable moyen, tout aussi admissible pourtant, à notre avis, dans la peinture que dans la gravure (1).

_____

(1) Nous avons vu plus d'une fois la médiocrité se soulever à cette seule idée. Pourquoi donc le peintre dédaignerait-il d'indiquer, au bas de son tableau, le sujet que ne craint pas, que se croit même obligé d'indiquer le graveur ? Le même sujet est-il plus facile à deviner dans la peinture que dans la gravure ? mais plus il est obscur, plus l'artiste semble jaloux de nous le donner à deviner, dussions-nous n'en jamais venir à bout. Seulement quand il acquiert la certitude que son énigme peut défier tous les Œdipes de son temps, il consacre un petit cahier à nous l'expliquer, et cette explication ne sert trop souvent qu'à nous déceler la faiblesse de son génie, plus souvent la fausseté de son esprit et de ses idées, qu'il croit originales lorsqu'elles ne sont que bizarres, et savantes lorsqu'elles ne sont que compliquées. Qu'ils soient donc simples et clairs dans leurs conceptions, les peintres d'allégories, s'ils veulent qu'on les devine. Oui, je ne crains pas de le dire : toute allégorie est mauvaise, dès qu'elle a besoin d'être expliquée.

Non-seulement le grand Lebrun n'a pas craint
d'indiquer par des inscriptions les sujets de ses
tableaux, mais il a poussé la modestie jusqu'à
ne pas les rédiger lui-même, comme s'il se fût
méfié de ses forces en ce genre. Ce fut Charpentier, membre de l'Académie des inscriptions, qui en fut chargé : elles parurent si
ridiculement emphatiques, qu'on ne crut pas
devoir les laisser subsister. Le ministre Louvois,
successeur de Colbert, qui en avait plusieurs
fois manifesté son mécontentement, ayant dit
à Louis XIV que ces inscriptions déplaisaient
à tout le monde, chargea Racine et Despréaux
d'en indiquer de meilleures, qu'il pût proposer
au Roi. Ils s'en acquittèrent à la satisfaction du
Prince : en son absence et par son ordre on ôta
celles de Charpentier, et l'on mit à la place les
inscriptions simples de Racine et Despréaux,
telles que les rapportent tous les auteurs, depuis
Piganiol qui les a copiées lui même, jusqu'aux
auteurs des descriptions et *Cicerone* de nos jours
qui, les copiant dans Piganiol, n'ont aucun
égard aux changemens qu'elles ont éprouvées
depuis, changemens dont ils ne paraissent pas
même se douter. Ce n'est qu'avec beaucoup de
surprise que j'ai remarqué ces nombreuses dif-
férences entre les inscriptions qui existent et
celles qu'ils rapportent.

Ils commencent tous la description de cette
galerie par le tableau du milieu, comme le
plus grand et le plus intéressant. Cet ordre
ne peut convenir qu'aux lecteurs de cabinet,
si toutefois ils s'amusent à lire, au coin de leur
feu, soit Piganiol, soit le *Cicerone* de Versailles, ce qui, je pense, ne leur arrive guère.
Mais pour les curieux qui visitent le château,
notre livre à la main, nous ne pouvons leur
offrir une marche plus convenable que celle que
nous avons adoptée dans tout le cours de cet
ouvrage, laquelle fait passer successivement et
de proche en proche, sous les yeux du lecteur,
les objets, en suivant l'ordre dans lequel ils se
présentent. C'est cet ordre que nous allons continuer à suivre ici, comme ailleurs, en commençant par le tableau placé au-dessus de la
porte qui nous y introduit, celle du salon de la
Guerre.

L'inscription suivante en indique le sujet :
ALLIANCE DE L'ALLEMAGNE ET DE L'ESPAGNE
AVEC LA HOLLANDE, 1672. Ces trois nations,
figurées par trois femmes qui se jurent une
étroite union, ne sont pas moins reconnais-
sables par leur caractère particulier que par
leurs écussons respectifs. Les trois Furies y représentent les passions qui ont présidé à leur

ligue. Des Cyclopes forgent les armes , et la
Renommée, peinte à cette extrémité de la voûte,
penche sa trompette jusque dans le tableau qui
est au-dessous , pour informer ces puissances ,
en faisant retentir à leurs oreilles les mots *veni*,
vidi , *vici* , des conquêtes de la France et de
l'inutilité de leurs efforts combinés. Liés ensemble par les sujets , ces deux tableaux le sont
encore par une superbe draperie qui se détache
de celui de la voûte et s'étend sur celui qui est
au-dessous.

Nous n'entrerons pas dans les mêmes détails
sur les autres peintures de cette galerie , toutes
généralement fort belles, mais moins conservées
la plupart que celle-là , dont on admire autant
la fraîcheur que le mérite , et nous nous bornerons à faire connaître les sujets par leurs inscriptions.

Celle du premier tableau qu'on voit à droite
en forme de médaillon , porte ces mots : RÉPA-
RATION DE L'ATTENTAT DES CORSES , 1664.
Celle du tableau à gauche : LA HOLLANDE
SECOURUE CONTRE L'ÉVÊQUE DE MUNSTER,
1665. Et celle du camaïeu , qui est entre
deux , à la clé de la voûte ; SOULAGEMENT DU
PEUPLE PENDANT LA FAMINE , 1662.

La double inscription du grand tableau qui

suit, et qui règne d'un côté de la voûte à l'autre, porte, à gauche : PASSAGE DU RHIN EN PRÉSENCE DES ENNEMIS, 1673 ; à droite : LE ROI PREND MAESTRICHT EN 13 JOURS, 1672.

Le camaïeu qui est à la suite, dans le milieu de la voûte : LA FUREUR DES DUELS ARRÊTÉE. Le médaillon de droite : LA PRÉÉMINENCE DE LA FRANCE RECONNUE PAR L'ESPAGNE, 1662 ; celui de gauche : DÉFAITE DES TURCS EN HONGRIE, PAR LES TROUPES DU ROI, 1664.

Les deux grands tableaux suivans ont pour inscription, celui de droite : LE ROI ARME SUR TERRE ET SUR MER, 1672 ; celui de gauche : LE ROI DONNE SES ORDRES POUR ATTAQUER EN MÊME TEMPS QUATRE DES PLUS FORTES PLACES DE LA HOLLANDE.

Les inscriptions des deux médaillons qui suivent, sont ; à droite : RÉFORMATION DE LA JUSTICE, 1667 ; à gauche : RÉTABLISSEMENT DE LA NAVIGATION, 1663 ; et celle du camaïeu peint entre deux : GUERRE CONTRE L'ESPAGNE, DROITS DE LA REINE, 1667.

Le double tableau du milieu par lequel tous les auteurs, à l'exemple de Piganiol, commencent la description de cette galerie, parce qu'il en est le plus grand, qu'il la divise en deux parties égales, et qu'il est le premier dans l'ordre des dates, a pour double inscription, à droite : Faste des puissances voisines de la France, 1661 ; à gauche : Le roi gouverne par lui-même.

Les tableaux qui succèdent à celui-là ont chacun leur pendant dans ceux qui le précèdent. Les inscriptions des deux premiers, formant médaillons, sont, à droite : Protection accordée aux beaux-arts ; à gauche : L'ordre rétabli dans les finances, 1662 ; et celle du camaïeu qui est à la clé de la voûte : La paix conclue a Aix-la-Chapelle, 1668.

Celles des deux grands tableaux qui suivent, sont, à droite : La Franche-Comté conquise pour la seconde fois, 1674 ; à gauche : Résolution prise de faire la guerre aux Hollandais, 1671.

Les deux médaillons qui viennent après, portent, à droite : Établissement de l'hôtel des invalides ; à gauche : Embassades envoyées des extrémités de la terre, et le camaïeu du milieu : Acquisition de Dunkerque, 1662.

Le double tableau qui suit et qui va d'un côté à l'autre de la voûte, porte, à droite : Prise de la ville et de la citadelle de Gand, 1678 (1) ; à gauche : Mesures des

-----

(1) Ce tableau, refait par Durameau, peintre de

Espagnols rompues par la prise de Gand.

Les deux médaillons qui terminent, avec le camaïeu intermédiaire, les tableaux de cette voûte, ont pour inscription, à droite : Renouvellement de l'alliance avec les suisses, 1663 ; à gauche : Jonction des deux mers, 1664, et le camaïeu : Sûreté de la ville de Paris, 1669.

Enfin, sur la porte du salon de la Paix est un dernier tableau qui a pour sujet et pour inscription : La Hollande accepte la paix et se sépare de l'alliance de l'Allemagne et de l'Espagne, 1678. Cette rupture forme le pendant de l'alliance que nous venons de voir et d'admirer à l'autre bout de la galerie, sur la porte du salon de la Guerre. Nous ne détaillerons pas plus ce tableau que les précédens, puisque nous avons cru devoir nous contenter des sujets ainsi révélés par leurs inscriptions, au moyen desquelles les curieux n'ont plus besoin, pour se reconnaître, que du secours de leurs yeux.

On apprend avec douleur que la composition de ces tableaux est, pour ainsi dire, tout ce

Louis XVI, se dégrade de nouveau, et aura besoin d'être refait encore par un des peintres de Louis XVIII.

qui reste du célèbre artiste qui les a exécutés. Quant au coloris, ce n'est plus Lebrun, mais bien ses restaurateurs. Le tems, la révolution, l'humidité, avaient dégradé les peintures à tel point, que la plupart étaient totalement décolorées, et certaines parties défigurées, ou même effacées, de manière à ne plus laisser apercevoir ni les couleurs ni les traits. Pareille chose n'aurait pas eu lieu en Italie, où les tableaux de cette voûte eussent été exécutés à fresque, au lieu d'être peints sur des toiles marouflées, sujettes à se décolorer, comme à se détacher, ainsi que nous l'avons vu en plusieurs parties de cette voûte.

Salle de la Paix. La galerie parcourue, du nord au sud, nous conduit, du salon de la Guerre, où commence la façade principale du château, à celui de la Paix, où elle finit. Le plafond en est également de forme ovale et peint de même par Lebrun. Il offre, dans toutes ses parties, le pendant du salon de la Guerre, dont il est aussi le parfait contraste. Si là tout est éclairs et carreaux, armes et trophées, ravages et embrâsemens, ici tout est jeux et plaisirs, calme et bonheur, abondance et richesse.

La France y est représentée au plafond, dans un char porté par un nuage; la Gloire la couronne ; la Paix, le caducée à la main, vient recevoir ses ordres ; l'Abondance prend des fleurs dans une corbeille qu'un Amour soutient, pendant que d'autres Amours unissent des tourterelles qui ont à leur cou des médailles destinées à désigner les trois mariages du Dauphin Louis de France, avec Marianne-Victoire de Bavière ; de Marie - Louise d'Orléans, avec Charles II, roi d'Espagne, et d'Anne - Marie d'Orléans, avec Victor-Amédée, duc de Savoie. L'Hyménée, accompagnée des Grâces, est auprès du char. L'Allégresse, sous la figure d'une Bacchante, joue des castagnettes.

Nous supprimerons les autres détails de ce magnifique tableau, dont la composition savante pourrait mériter le reproche d'être un peu compliquée. Aux quatre cintres, on en voit quatre autres du même maître et de la même beauté.

Du côté du levant, c'est l'Europe chrétienne en paix, sous la figure d'une femme assise, avec une thiare et une corne d'abondance, ayant à ses pieds les dépouilles de l'Empire ottoman.

Du côté du midi, c'est l'Allemagne, appuyée sur un globe, et regardant la Religion peinte dans la coupole. Elle tend la main à un enfant qui lui apporte une branche d'olivier et une

branche de laurier , double symbole de la paix
dont elle jouit et des victoires qu'elle a rem-
portées. Ses peuples remercient le ciel de leur
prospérité.

Au couchant , c'est la Hollande à genoux ,
recevant sur son bouclier des flèches et des
branches d'olivier qu'un Amour lui apporte.
Son lion a perdu sa férocité , et ses magistrats
rendent graces au ciel , pendant que ses peuples
se disposent à rétablir leur commerce.

Au nord , sur la porte de la galerie , c'est
l'Espagne qui lève les yeux et les mains au
ciel , d'où elle reçoit une branche d'olivier par
les mains d'un Amour.

Le tableau ovale de la cheminée représente
Louis XV , tenant de la main gauche un gouvernail, et présentant, de l'autre, une branche
d'olivier à l'Europe. Cet ouvrage de Lemoine
soutient parfaitement le voisinage des chefs-
d'œuvre de Lebrun. Il est de la même grandeur,
de la même forme ovale, et entouré de la même
bordure que le bas - relief correspondant du
salon de la Guerre.

Comme ce dernier , celui de la Paix est orné
de six bustes antiques en porphyre , drapés en
albâtre et placés sur des gaînes de marbre précieux.

Ces douze belles têtes sont d'un fini qu'on ne pourrait attribuer qu'au ciseau des plus grands sculpteurs de la Grèce, mais d'une conservation qui ne permet guère de supposer qu'elles aient roulé dans les décombres de l'antiquité. Il est difficile de fixer à cet égard son opinion, d'après le bon Piganiol, qui, parlant de ces bustes, dit en propres termes : « Ils sont antiques, et les bustes et les draperies sont de Girardon. » Que leur resterait-il donc d'antique ?

On a tant de peine à trouver une seule statue, un seul buste grec ou romain, sans quelque altération, qu'il ne semble pas croyable d'en avoir rencontré douze intacts à la fois. Antiques ou non, on ne les regarde pas moins comme des empereurs romains et comme autant de chefs-d'œuvre. Je me suis demandé, en les voyant au nombre de douze, pourquoi on n'a pas voulu y reconnaître les douze Césars, et j'ai pensé que c'était sans doute à cause des traits peu romains de plusieurs d'entre eux.

Le salon de la Paix faisait partie des appartemens de la Reine, dont la pièce suivante était la chambre à coucher. Le plafond de cette chambre a été peint dans le principe ; mais en 1752, on ôta les peintures, pour y substituer les ornemens de la sculpture et de la

8

dorure : ils ont été répandus avec profusion, exécutés avec art et distribués avec goût, surtout aux encoignures. Les murs avaient des tapisseries qui, enlevées dans la révolution, n'ont été ni remises en place, ni remplacées.

Dans un des coins de cette chambre, on arrête ses regards avec un douloureux souvenir sur la petite porte dérobée par où la reine Marie-Antoinette, surprise dans son lit par les brigands des 5 et 6 octobre 1789, qui déjà travaillaient à enfoncer sa porte, parvint à se sauver, demi-nue, pour fuir la mort qui la poursuivait, ou l'aller recevoir dans les bras de son époux. Aucun tableau ne distrait ici l'attention de la scène déchirante que rappelle cette chambre, et l'on en sort l'âme oppressée, pour passer dans le salon de compagnie du même appartement.

Salon de la Reine. Le milieu du plafond est décoré d'un médaillon, où Michel Corneille a peint Mercure répandant son influence sur les sciences et les arts. Les quatre petits tableaux des encoignures, et les quatre des côtés, sont aussi de Michel Corneille. Le plus remarquable est celui où Pénélope est représentée travaillant à la tapisserie au moyen de laquelle elle déjoua les poursuites obstinées de ses amans, en défaisant la nuit ce qu'elle faisait le jour.

La pièce suivante est le salon du Grand Couvert : elle ne servait à cet usage qu'aux jours de cérémonie ; dans les jours ordinaires , c'était l'antichambre de la Reine.

Le médaillon du plafond représente l'apothéose de St. Marc l'évangéliste , par Paul Véronèse ; c'est une de nos dernières conquêtes en Italie. Les cintres de ce plafond sont ornés de tableaux en camaïeu, rehaussés d'or , dont le plus remarquable , ou du moins celui que nous avons le plus remarqué , représente Rodogune à sa toilette , apprenant la mort de son mari , et jurant de ne pas finir de se coiffer qu'elle ne l'ait vengé. Les encoignures du plafond sont extrêmement riches de sculptures , ainsi que de dorures.

La quatrième salle est celle des Gardes-du-Corps de la Reine. Le tableau peint au plafond représente Jupiter , dans un char d'argent, porté sur un nuage et tiré par deux aigles : il est de Coypel. Parmi les accessoires qu'il y a répandus , on distingue la planète de Jupiter , sous la figure d'une femme : à l'entour voltigent quatre enfans ailés , figurant les quatre satellites de cette planète.

A la même voûte , dans les cintres , sont quatre tableaux représentant Solon, Ptolomée-

Philadelphe, l'empereur Trajan et l'empereur Sévère. Ils font tous allusion à quelques traits de justice et d'humanité de Louis XIV.

Escalier de Marbre. Cet appartement se termine à l'escalier de Marbre, ou *des Ambassadeurs*, le plus beau qui soit en France, sinon pour l'architecture, du moins pour la richesse des marbres qui le décorent : on y en compte sept à huit qualités différentes. Les balustrades sont en marbre de Rance, et ce qui étonne, c'est que les marches sont en pierre de liais. Ainsi, ce n'est pas à proprement parler un escalier de marbre, mais un escalier orné de marbre. Les murs qui l'entourent sont peints à fresque : trois artistes y ont travaillé, l'un pour l'architecture, un autre pour les fleurs, le troisième pour les personnages.

Œil de-Bœuf. L'escalier de marbre donne entrée aux deux salles peu remarquables des gardes et des valets de pied, qui conduisent à l'*OEil-de-Bœuf*. Cette pièce ainsi nommée, à cause de la forme ronde de la fenêtre qui l'éclaire en abat-jour, fut renommée par les disgrâces des courtisans, et plus encore par la résistance qu'y opposèrent les gardes-du-corps à la populace de Paris.

Dans cette pièce, on a placé quatre tableaux de Mignard, dont le plus remarquable représente la famille de Louis XIV, et l'on n'est pas peu surpris d'y voir ce prince entouré à la fois de ses maîtresses, de sa femme et de tous ses enfans, légitimes et illégitimes.

bre
her
civ.
De cette pièce riche de colonnes, de dorure et de glaces, on arrive dans la chambre à coucher de Louis XIV, qui, dépouillée de ses tentures et de ses anciens ornemens, n'en a plus d'autres aujourd'hui que la belle sculpture dorée qui est au-dessus de l'emplacement du lit, et le magnifique plafond de Paul Véronèse, qui représente Jupiter foudroyant les vices (1). Ce beau morceau est une de nos dernières conquêtes en Italie, et, par conséquent, une décoration toute récente pour cette chambre. On y a placé plus récemment encore quatre tableaux représentant Sisyphe, Tantale, Prométhée et les Danaïdes. Les trois derniers ont fait la réputation de Mauzaize, peintre de nos jours. Cette chambre n'a plus été occupée depuis que Louis XIV y est mort. C'est là que l'illustre mourant adressait aux personnes qu'il voyait fondre en larmes autour de son lit, ces belles

---

(1) Non les Titans, comme le disent tous les auteurs, faute d'avoir remarqué, au nombre des personnages, une femme,

et mémorables paroles : *M'avez-vous cru im-
mortel ?*

Elle donne sur le grand balcon de la cour
de marbre, par trois grandes portes vitrées et
cintrées, qui regardent l'avenue de Paris et le
soleil levant. Ainsi cet astre que le grand Roi
avait pris pour sa devise, venait le saluer de ses
premiers rayons, dès qu'il apparaissait sur son
empire, après avoir éclairé ses conquêtes de
l'Alsace et de la Franche-Comté. Ainsi tout
semblait rendre hommage à ce puissant monarque, jusqu'à l'astre du jour, objet des hommages de l'univers.

Ce fut dans cette même chambre, à ce même
balcon où tout respirait la gloire et la puissance
de Louis XIV, que son arrière-petit-fils vint,
accompagné de la Reine et de ses enfans, ha-
ranguer la populace furieuse et menaçante,
qui, après lui avoir arraché le sceptre, allait
l'arracher lui-même à son palais, pour l'entraîner avec elle dans celui qu'il ne devait plus
quitter que pour passer au Temple, et du
Temple à l'échafaud .... (1).

La salle du conseil, qui est à la suite de la

_____

(1) La Reine était le principal objet des impré-
cations qui se faisaient entendre. Parmi les cris des
brigands, on distingua celui-ci : *La Reine toute seule!*

chambre à coucher de Louis XIV, conduit
dans celle de Louis XVI, qui ne brille que par
ses dorures ; il en est de même de son grand
et de son petit cabinet, du cabinet des médailles, du cabinet de la vaisselle d'or et de la
bibliothèque du Roi. La petite salle à manger
est entièrement et tristement peinte en gris-
blanc ; une plus triste salle de billard, éclairée
d'un jour de souffrance, termine cet appartement et nous ramène dans la salle de Vénus.

Nous avons parcouru tous les grands et petits
appartemens, toute la belle partie du château
de Versailles, sans laisser rien à désirer que le
cabinet de toilette et le boudoir de la Reine.
Les indicateurs ne sont pas dans l'usage d'y
conduire les curieux, soit parce que ces deux
pièces ne se trouvent pas sur leur direction ha-
bituelle, soit parce qu'elles n'offrent d'autre

Cette courageuse princesse jugeant que l'instant de sa
mort est arrivé, pousse son fils et sa fille dans l'appartement, les jette dans les bras de leur père, et sans
laisser à ceux qui l'entourent le tems de la retenir,
elle reparaît seule sur le balcon, présentant coura-
geusement sa tête au coup mortel. Sa beauté majes-
tueuse, sa contenance fière et intrépide, son mépris
de la mort, arrêtent l'effet des menaces, et forcent
les applaudissemens de cette multitude forcenée.

aliment à la curiosité qu'une alcôve destinée pour des lits de repos , et revêtue de glaces dont tout le mérite est de multiplier à l'infini les personnes qui s'y regardent.

Rez de chaussée.

On ne montre jamais les appartemens du rez de chaussée , qui véritablement n'ont rien de curieux. Les pièces qui correspondent à celles de la façade septentrionale du corps principal du château , portent le nom d'appartement du Comte d'Artois : c'était jadis celui de MADAME.

Celles qui correspondent à la grande galerie , forment , ou plutôt doivent former l'appartement du Duc d'Angoulême : c'était autrefois celui du Dauphin. La dernière seule m'a offert des ornemens de sculpture et de dorure ; tout le reste n'est que plâtre et boiserie en couleur, avec quelques tableaux, en dessus de portes , et quelques glaces. Une dixième pièce , située à l'angle , est un salon commun entre l'appartement du Duc et celui de la Duchesse , éclairé par la façade suivante, qui est celle du midi , et occupant le dessous de l'appartement de la Reine.

Le centre de ce corps de bâtiment principal renferme quatre à cinq petites cours irrégulières, tristes et sombres , entourées de petits corps de logis non moins irréguliers , dans l'un desquels se trouve le boudoir de la Reine , éclairé sur l'une de ces vilaines cours. Elles séparent le château de Louis XIV de celui de Louis XIII, auquel elles appartiennent évidemment, d'après leur irrégularité et leurs étroites dimensions.

Parmi les pièces, aujourd'hui insignifiantes, qui composent le rez de chaussée de ce vieux château et entourent la cour de marbre, on peut remarquer, dans le milieu, celle dont les trois arcades ouvertes sous le grand balcon, introduisaient jadis dans un vestibule qui formait la grande entrée du parterre ; et à l'extrémité de l'aile droite, la petite salle des gardes, à la porte de laquelle fut assassiné Louis XV.

Dans l'aile méridionale où étaient logés les ᵃˡᵉ Enfans de France, la gouvernante et Madame Elisabeth, on remarque l'escalier et la galerie des Princes, escalier auquel il ne manque, pour être le plus beau du château, que d'avoir été construit en marbre ; galerie qui, plus longue et plus éclairée, est aussi plus belle que celle de la chapelle, sa correspondante dans l'aile du nord.

Au bout de cette aile méridionale, est l'ancien appartement du Comte d'Artois, aujourd'hui de la Duchesse de Berry, et au milieu, un beau vestibule, dont le plafond est soutenu par huit colonnes doriques. Tout le reste servait de logement aux officiers et autres per-

personnes attachées à la cour. Nous avons vu l'aile du nord entièrement consacrée au même usage.

L'intérieur du corps principal porte seul le cachet de la magnificence royale, empreinte, extérieurement, sur tout l'ensemble de l'édifice, et sur les superbes accompagnemens que forment, devant la façade, le parterre et le parc. Elle rachète, par l'avantage de cet heureux aspect, l'inconvénient majeur d'être tournée vers le couchant.

Les connaisseurs ont regretté que le nouveau château ne fît point face à l'avenue de Paris ; mais on sait que Louis XIV, par respect pour la mémoire de son père, voulait conserver l'ancien ; loin de l'abattre, comme on le lui proposait, il le fit, au contraire, terminer, sans préjudice du superbe château qu'il projetait lui-même, et qu'il adossa contre celui qu'il conservait (1). Ce grand monarque était trop bon appréciateur, pour ne pas sentir le prix des contrastes ; et celui qui résulte de deux façades

_____

(1) Ses architectes lui ayant dit que le château de Louis XIII n'était pas solide, il leur répondit : « Je » vois où l'on en veut venir : si le château est mau- » vais, il faudra bien l'abattre, mais je vous déclare » que ce sera pour le rebâtir tel qu'il est ; » et le château ne fut pas abattu.

diamétralement opposées de style comme d'aspect, et de dimension comme de mérite, est,
à mon avis, la première beauté du palais de
Versailles. Ce sont deux châteaux en un seul,
tellement liés ensemble qu'ils ne font qu'un
même corps de bâtiment, et tellement distincts
que la vue de l'un ne laisse pas soupçonner
l'existence de l'autre : ainsi les deux édifices,
placés à proprement parler dos à dos, n'ont
chacun que leur façade de devant.

Ils diffèrent autant l'un de l'autre que les
deux rois différaient entre eux ; et l'on aurait
presque la mesure des deux règnes, en les jugeant par ces deux ouvrages, qui peuvent servir
en quelque sorte d'échelle de comparaison ;
peut-être même est-ce dans cette orgueilleuse
vue que le *chétif château* (suivant l'expression
de Bassompierre) a été conservé, comme devant faire mieux valoir le nouvel édifice.

Il ne faut pas croire que ce dernier, malgré
son imposante magnificence, soit exempt de
grands défauts ; mais, pour bien juger, et de cette
magnificence et de ces défauts, il faut se placer
dans le parterre, décrit ci-après, avec les jardins
dont il fait partie. Comme c'est de là seulement
qu'on peut contempler cette immense façade,
dans tous ses développemens, c'est aussi là que
nous avons cru devoir en placer la description.

TROISIÈME JOURNÉE.

JARDINS ET PARC DE VERSAILLES.

Nous commencerons la description des jardins par celle du *Parterre d'eau*, en regrettant de n'y pouvoir plus entrer, comme au tems de Louis XIV, par les trois portiques ouverts alors au milieu de la façade ; et la description du parterre, par celle de cette immense façade qui en est sans contredit le premier ornement.

Façade du château du côté du parterre. Elle se compose d'un grand corps avancé et de deux immenses ailes excessivement reculées, qui s'en détachent à droite et à gauche, en se dirigeant, l'une au sud, l'autre au nord. Cet ensemble forme un développement de 3oo toises, y compris tous les trois côtés du corps avancé, qui, offrant un carré presque parfait, offrent aussi trois façades presque égales, aux trois aspects du nord, du couchant et du midi.

La principale, celle de l'ouest, qui nous fait

face, a dix-sept croisées, ouvertes dans la galerie de Lebrun. 17

Six dans les deux salons de la Guerre et de la Paix qui sont aux deux bouts. . .   6

                      En tout. . . 23

Les deux du nord et du sud en ont chacune dix-sept; en tout. 34

Et les deux ailes trente-quatre chacune, qui éclairent, d'un côté, les logemens des officiers et gens de la maison, de l'autre, les appartemens des Princes; en tout. . . 68

C'est une série de. . . . . 125 croisées au même étage, qui, répétées par un rang semblable de petites fenêtres dans les attiques, et de portes vitrées au rez de chaussée (car il est à remarquer que ce vaste bâtiment n'a qu'un seul étage proprement dit), produisent un total de 375 ouvertures.

Si, sur ce nombre, on retranche les trois rangs de chacun des deux côtés nord et sud du corps principal, qui font, à raison de dix-sept à chaque rang et à chaque côté. 102

cette défalcation réduira les croisées de face à. 273

savoir quatre-vingt-onze à chaque rang.

Nous devons assujettir à une diminution
semblable le développement indiqué plus
haut, de trois cents toises. 300
attribuées par toutes les descriptions à
cette façade, si nous voulons avoir sa longueur réelle, où ne doit évidemment pas
entrer celle des deux côtés en retour, qui,
étant de quarante toises chacun, en tout. 80

réduisent la première à. 220

C'est pour ne l'avoir pas vérifiée par nous-
mêmes, lors de notre premier aperçu de Versailles (route de Paris à Bordeaux), et nous
en être rapportés à nos prédécesseurs, que nous
n'avons pas plus distingué qu'ils ne l'ont fait
eux-mêmes la longueur de développement de
la longueur de face (1).

---

(1) Les calculs dans lesquels entre, à cet égard,
M. Dulaure, auraient dû lui en faire sentir le vice :
il donne 80 toises à chacune des deux ailes ; c'est pour
les deux. . . . · 160
et à la façade principale plus de . . · 50
Voilà bien toute la longueur réelle fixée par
lui à plus de. . . . · 210
résultat assez conforme au nôtre, qui la fixe po-
sitivement à . . . . · . 220
Comment peut-il ensuite ajouter plus bas, que

Cette dernière, réduite à sa juste dimension, n'en forme pas moins la plus grande façade qui soit en France, et peut-être au monde, en même tems que la plus belle, malgré tous ses défauts, qui sont :

1.º L'excessive saillie du milieu, qui jette trop en arrière et place tout-à-fait hors d'œuvre les deux ailes latérales ;

2.º La longueur disproportionnée de ces deux ailes, qui fait prédominer les accessoires sur le principal : ce défaut a fait dire à Pierre le grand que c'était le corps d'un pigeon avec des ailes d'aigle ;

3.º La disproportion de la hauteur avec la prodigieuse longueur de l'édifice ;

4.º L'uniformité de cette triple façade (1) dont l'élévation est la même d'un bout à l'autre, aussi bien que l'architecture, décorée du seul ordre ionique, comme si l'architecte n'en eût pas connu d'autres, ou comme si cet ordre, qui n'occupe néanmoins que le second rang dans

---

cette façade a plus de 300 toises de longueur, puisqu'il suppose aux deux côtés en retour 40 toises, en tout 80 ? c'est autant à retrancher sur la longueur.

(1) On peut dire *quintuple*, en comptant les deux côtés nord et sud du corps principal.

la classification des ordres grecs, eût été jugé
par lui le seul digne de figurer dans une construction qui devait être son chef-d'œuvre. Sans
doute il en résulte une plus parfaite harmonie,
mais ne dégénère-t-elle pas aussi en monotonie?
L'harmonie, d'ailleurs, est-elle exclusive de la
variété? Il nous semble que Mansard ne s'est
pas assez pénétré de ce principe d'un de ses
contemporains :

« L'ennui naquit un jour de l'uniformité. »

Des vases et des groupes couronnaient autrefois avantageusement la balustrade, dont les tablettes nues bordent tristement aujourd'hui
d'une longue ligne horizontale le comble à
l'italienne du château. Le tems les ayant détruits, on n'a pas jugé à propos de les renou-
veler, en restaurant cette balustrade, derrière
laquelle règne une terrasse où Louis XVI aimait,
dit-on, à prendre le frais, dans les soirées d'été,
en se dérobant aux regards, derrière les groupes, pour considérer, à son aise, les promeneurs dans le parterre.

L'étranger ne doit pas être peu surpris de ne
voir, dans toute cette longueur de façades, aucun fronton, aucun pavillon, aucune autre variété que la faible saillie des péristyles ioniques
qui la décorent, de distance en distance, avec
une sorte d'uniformité. Il y en a quinze, savoir :

trois à la façade ouest du corps principal , trois
à chacun des deux côtés nord et sud du même
corps de bâtiment , et trois à chacune des deux
ailes , sans compter ceux qui les terminent en
retour.

Chaque péristyle supporte une corniche servant de console à autant de statues qu'il y a de
colonnes , savoir : vingt-quatre à chacune
des deux ailes ; en tout. 48

Douze à chacun des côtés nord et sud
du corps principal ; en tout. 24

Et enfin , à la façade principale qui regarde l'ouest. 14

Total des statues comme des colonnes. 86

Quoique exécutées par de bons artistes du
règne de Louis XIV , ces statues , ainsi que
celles , en très-petit nombre , qu'on voit enfer-
mées dans des niches , ont été peu mentionnées
par nos prédécesseurs. Piganiol, le plus étendu
de tous , ne détaille que celles du corps principal. M. Dulaure , en reconnaissant, d'après lui ,
les douze mois de l'année dans celles qui sont
en saillie , ne fait pas attention à leur nombre ,
qui est de quatorze , et ne nous apprend pas ,
comme son vieux devancier , que les deux du
milieu sont Apollon et Diane , et les deux des

9

niches qui sont au-dessous, l'art et la nature.

Toutes les autres représentent des divinités et des nymphes, des vertus et des arts. Un grand nombre sont mutilées, mais les unes comme les autres attirent fort peu l'attention des amateurs, ainsi que les jolies sculptures, en bas-relief, qui garnissent les cintres des croisées, soit parce que la hauteur où elles sont placées ne permet pas de les bien distinguer, soit parce que la vue retombe spontanément, de ces monumens de pierre, sur les superbes monumens de bronze et de marbre qui la captivent de tous les côtés dans le parterre.

Parterre d'Eau.

Les premiers qui se présentent sont les quatre statues en bronze de Silène, Antinoüs, Apollon et Bacchus, placées sur le grand perron ou la terrasse du château, et adossées à la façade principale. Elles sont toutes les quatre fondues par les Kellers, d'après l'antique.

Aux angles de ce perron sont deux beaux vases de marbre blanc, ornés chacun de bas-reliefs représentant, l'un (celui du nord, sculpté par Tuby), les conquêtes de Louis XIV en Flandre, dans l'année 1667 ; l'autre (celui du midi, sculpté par Coysevox), d'un côté, la victoire de Péterwaradin, que les Impériaux remportèrent sur les Turcs, par le secours des troupes françaises envoyées en Hongrie , en 1664 ; de l'autre , la soumission de l'Espagne pour l'insulte faite au comte d'Estrade , ambassadeur français à Londres.

Devant ce perron , ou plutôt cette première terrasse , en règne une seconde , aussi vaste que belle , qui domine tout le reste des jardins et du parc : c'est le Parterre d'eau , ainsi nommé à cause des deux grandes pièces d'eau qui en occupent la presque totalité.

Ces deux bassins sont bordés de deux tablettes en marbre blanc , où reposent vingt-quatre magnifiques groupes en bronze , moitié sur l'une , moitié sur l'autre , savoir : huit nymphes , huit groupes d'enfans , et les quatre principaux fleuves de France , avec les quatre principales rivières qu'ils reçoivent. Ce sont la Garonne et la Dordogne , la Seine et la Marne , le Rhône et la Saône , la Loire et le Loiret. Ces deux dernières figures ont été séparées par la maladresse des ouvriers qui , en les posant , ont mis une des nymphes à la place du Loiret , ce qu'il est facile de reconnaître à l'urne et à l'aviron qui caractérisent les rivières comme les fleuves.

A ces caractères généraux , ils n'en joignent aucun de particulier qui puisse les faire distinguer les uns des autres ; ainsi peu importe à nos lecteurs que nous leur apprenions, avec Piganiol, quels sont les fleuves du bassin du midi et ceux du bassin du nord : on peut les baptiser à sa guise. Peu leur importe aussi l'erreur de M. Dulaure, qui compte seize fleuves ou rivières, au lieu de huit, et n'arrive pas moins au nombre de vingt-quatre, en réduisant de moitié les huit nymphes et les huit groupes d'enfans qu'il appelle des Amours, quoiqu'ils soient dépourvus d'ailes (1).

Ces jolis groupes d'enfans sont fondus par Aubry et Roger, d'après Legros et Vanclève, et les fleuves, comme les nymphes, par les Kellers, d'après Coysevox, Tuby, l'Espingola, Lehongre, Legros, Raon, Magnier et Regnaudin.

Du milieu de chacun de ces bassins, s'élance à 29 pieds de haut (quand les eaux jouent) une gerbe qu'entourent seize jets inclinés et formant corbeille.

---

(1) Un Suisse qui me les montrait et à qui je communiquais ce passage de notre auteur, me répondit en son jargon : « Ce monsir leuz a sans doute goubé les sailés bour qu'ils ne folent pas, et ça li a bas mal riussi, gar ils n'ont bas pouché de blace dépis qu'ils y sont.

Dans les deux angles de ce parterre , à l'opposite de la façade , sont deux cabinets de verdure renfermant deux bassins qu'alimente une gerbe de 25 pieds , et d'où l'eau retombe en nappe dans un bassin inférieur. Sur l'appui des bassins supérieurs , deux groupes d'animaux en bronze, de la plus grande beauté, captivent l'attention des curieux.

Du côté du nord , ce sont deux lions qui terrassent, l'un un sanglier, l'autre un loup. Le premier est modelé par Raon , l'autre par Vanclève , et tous deux fondus par les Kellers. Du côté du midi , c'est un ours terrassé par un tigre , et un cerf par un limier ; l'un et l'autre sont modelés par Houzeau et fondus par les Kellers. Les animaux terrassés jettent de l'eau dans le bassin inférieur , et les animaux vainqueurs dans celui d'en haut. Cet effet d'eau est de la plus grande beauté ; si le parc en renferme de plus beaux encore, surtout de plus grands, il n'en est aucun qu'on s'arrête à considérer avec plus de plaisir.

Celui de ces deux bassins qui occupe le côté du nord , porte le nom de Fontaine de Diane , à cause de la statue de cette déesse, qu'on voit sur un des côtés , et dont le pendant , du côté opposé , est une Vénus tellement dégradée , qu'on la prendrait pour une antique. La première est de Desjardins, et la seconde de Marsy.

Le bassin du midi est également orné de deux statues, savoir : Flore, ou le Printems, par Magnier, et l'Eau, par Legros ; toutes deux sur les dessins de Lebrun. Une troisième statue un peu moins voisine, et faisant partie d'une rangée que nous allons bientôt décrire, a eu, je ne sais pourquoi, le privilége de donner son nom de *Point du Jour* à cette fontaine.

Avant d'aller plus loin, arrêtons-nous un instant à contempler, entre ces deux bassins, du haut du perron qui descend dans le parterre de Latone, la magnifique allée ouverte à travers le milieu du parc, en face du milieu du château. Elle offre une perspective à perte de vue, qui commence entre les deux grands bassins du parterre, se continue le long des belles rampes et terrasses qui descendent en amphithéâtre dans le parc, se prolonge sur un large tapis de pelouse, nommé le *Tapis-Vert*, et se termine à un vaste canal, au-delà duquel les objets se dérobent dans la vapeur du lointain.

Mais ne cédons pas encore à la curiosité qui nous entraîne naturellement vers cette brillante avenue, enrichie d'une foule de groupes, de statues et de vases de marbre, sans avoir épuisé tous les objets qui nous restent encore à voir dans le parterre du midi et dans celui du nord.

Le premier, dont la nudité a de quoi nous étonner, n'offre d'autre ornement que deux bassins ronds, ayant chacun un petit jet d'eau et d'arides pièces de gazon, entourées de bordures de buis d'une tout aussi maigre végétation. On prétend, je ne sais pourquoi, que l'orangerie qui est au-dessous empêche les fleurs d'y prospérer; pourquoi ne serait-ce pas plutôt l'effet de la maigreur du terrain?

Il n'est guère plus bas que le parterre d'eau, dont il est séparé par une tablette en marbre blanc, sur laquelle sont rangés douze beaux vases de bronze, fondus par Duval, d'après les dessins de Ballin. Elle est interrompue, dans son milieu, par un escalier de quelques marches, en marbre blanc, comme elle. Aux deux côtés, sont deux Sphynx du même marbre, portant chacun un enfant en bronze.

A l'ouest de ce parterre, est une balustrade terminée par un piédestal sur lequel repose une Cléopâtre couchée. On voit autour de son bras l'aspic dont la piqûre lui donna le genre de mort qu'elle avait choisi, entre tant d'autres. On a prétendu que c'est Ariane, couchée sur un rocher, et que l'aspic n'est autre chose que son bracelet ; sentiment qui nous paraît bien peu fondé. Cette belle statue colossale est en marbre blanc , légèrement nuancé de rouge par un oxide ferrugineux. Elle a été exécutée par Vanclève , d'après l'antique. Les deux tablettes qui bordent , à l'est et à l'ouest , le parterre méridional , appelé aussi Parterre de fleurs , sont ornées de deux vases à chaque extrémité , ce qui fait huit en tout , dont deux seulement sont à remarquer : sur l'un est représentée une fête de Bacchus , sur l'autre , Numa-Pompilius confiant aux Vestales la garde du feu sacré.

Orangerie.   Une balustrade qui termine ce parterre , au sud , donne sur l'orangerie , en la dominant d'une grande hauteur , d'où l'on aime à contempler cette riche collection des plus beaux orangers de France ; on éprouve ensuite le désir de les voir de plus près , en parcourant la superbe enceinte qui les renferme.

Les deux majestueux escaliers des *Cent Marches* , dénomination qui annonce leur immense hauteur (1) , descendent de chaque côté , divisés en trois rampes , jusqu'à deux grilles , également majestueuses , qui donnent sur la route

_____

(1) Sans la spécifier tout-à-fait , puisqu'en les comptant nous en avons trouvé cent trois.

de Brest, et sont ouvertes entre deux pilastres servant de piédestaux à autant de groupes en pierre. Les deux du côté de la ville représentent, le premier, l'Aurore et Céphale ; le second, Vertumne et Pomone, par Legros ; les deux du côté opposé, l'un Zéphyr et Flore ; l'autre, Vénus et Adonis, par Lecomte.

Entre le bas des escaliers et ces grilles, on longe celles qui introduisent dans l'orangerie. Elles sont richement travaillées et couronnées de paniers de fleurs. A peine est-on entré, qu'on ne sait ce qu'on doit admirer davantage, ou de la beauté ou de la quantité des orangers qui la composent, ou de la noble architecture toscane des trois galeries qui l'entourent. Cet ordre simple et plein de vigueur, qu'on pourrait appeler l'Hercule des ordres, se montre ici dans toute sa beauté, avantageusement déployée sur trois portiques, où il n'offre, avec la solidité qui le caractérise, rien de cette pesanteur qui l'accompagne trop souvent ; c'est qu'il est parfaitement à sa place, parfaitement approprié à des murs qui supportent d'aussi hautes terrasses, parfaitement en harmonie avec leur triple façade, qu'il paraît soutenir, en la décorant. Il produit, en ce lieu et en son genre, un aussi bel effet que l'ordre corinthien que nous avons

admiré dans la chapelle du Roi ; c'est même le
morceau d'architecture le plus pur que Jules-
Hardouin Mansard ait exécuté pour le château
de Versailles , puisque c'est le seul où l'on n'ait
pas trouvé de défaut.

Les trois galeries sont voûtées, à plein cintre
et à une immense hauteur. Elles renferment
et garantissent , en hiver , tous les orangers ,
qu'elles abritent , durant l'été , en entourant
des trois côtés du nord , de l'est et de l'ouest,
leur bosquet parfumé, qui , entremêlé de gre-
nadiers , de myrthes et de lauriers-roses , ne
charme pas moins la vue que l'odorat.

Au milieu de la principale galerie , en face
du portique qui lui sert d'entrée , est une fort
belle statue colossale de Louis XIV , en marbre blanc , par Desjardins. Ce fut le maréchal
de la Feuillade qui en fit présent à ce monarque;
il l'avait fait exécuter pour la place des Victoires.
La tête semble refaite , le marbre en étant plus
blanc que celui du reste de la statue.

Le premier oranger qui se présente en face
de ce portique et de l'image de Louis XIV ,
est le grand Bourbon , qui fut son contempo-
rain , après avoir été celui de François I.er : il
fit partie de la confiscation des biens du conné-
table de Bourbon , dont il a conservé le nom ;

il avait alors environ cent ans. Il a vécu depuis
sous deux dynasties et sous douze règnes , sans
que rien annonce encore la fin de sa longue car-
rière ; il est vrai qu'il n'a plus sa première tige,
cinq tiges nouvelles lui ont succédé : ce sont
autant de rejetons qui ont repoussé par le pied.
Ainsi , bien différent de notre espèce , l'oranger
qui n'est plus vit réellement dans ses rejetons ,
tandis que l'homme qui a cessé d'être ne vit
plus que dans leur mémoire.

re On descend du parterre d'eau dans celui du
rd. nord , par deux rampes douces , l'une du côté
du château , l'autre du côté opposé , ou bien
par l'escalier en marbre blanc qui est au milieu.
La tablette du même marbre qui sépare ces
deux parterres , est décorée de quatorze vases
de bronze , tous parfaitement travaillés. On
s'arrête surtout avec plaisir devant ceux qui ont
pour anse deux petits enfans accoudés sur les
bords du vase , dont ils considèrent les fleurs
avec une attention tout-à-fait enfantine. Ces
vases ont été, comme ceux du parterre du midi,
fondus par Duval, sur les dessins de Ballin.

A chaque angle du fer-à-cheval que décrit
la tablette des deux côtés de l'escalier, sont
deux statues accroupies, *le Rémouleur*, à droite,
la Vénus *pudique* ou accroupie, à gauche, toutes

deux copiées d'après l'antique, la première par
Foggini, la seconde par Coysevox, qui a gravé
son nom sur la plinthe, à côté de celui de Phydias. Cette Vénus est d'une si grande beauté,
qu'on la regarde presque comme la rivale de la
célèbre Vénus de Médicis. Si l'on me deman-
dait pourquoi une tortue près de la mère de
l'amour pudique, je serais fort embarrassé de
répondre, sans le secours de Piganiol, qui veut
que cet animal soit là pour marquer que les
femmes vertueuses doivent être retirées dans
leurs maisons, comme la tortue dans son écaille.

Que l'original de cette statue soit un des
chefs-d'œuvre de Phydias ou de Praxitèle, ou
de tout autre grand sculpteur de la Grèce,
cette copie n'en est pas moins un des chefs-
d'œuvre de Coysevox.

Le parterre du nord offre une richesse de
végétation qui y rend les fleurs aussi abon-
dantes et aussi belles qu'elles sont étrangères
au parterre du midi, auquel on dirait que le
nom de parterre de fleurs a été donné par dé-
rision, en le voyant dénué, comme il l'est aujourd'hui, non-seulement de fleurs, mais de
toute verdure. Au contraire, la verdure et les
fleurs embellissent à l'envi le parterre du nord,
que décorent encore, indépendamment de

quatre vases de marbre blanc , les deux bassins des Couronnes et celui de la Pyramide.

Les deux premiers tirent leur nom de deux groupes de Tritons et de Syrènes qui soutiennent des couronnes de laurier , et du milieu desquels s'élèvent plusieurs jets d'eau. Celui de la Pyramide , le seul remarquable , est le principal ornement de ce parterre. Ils sont tous trois en plomb bronzé : les deux premiers ont été sculptés par Lehongre , le troisième par Girardon.

Ce dernier est composé de quatre bassins ronds, pyramidant les uns sur les autres. Le plus bas , qui est aussi le plus grand , est supporté par quatre pieds de lion et quatre Syrènes ; le second , par de jeunes Tritons ; le troisième , par des dauphins , et le quatrième , par des écrevisses de mer. Au-dessus est un vase, d'où sort le jet d'eau qui fait jouer toutes ces nappes. Une charpente d'échafaudage , qui soutient depuis quelque tems cette fontaine, prouve qu'elle menace ruine : l'une des deux autres ne va plus du tout, et les eaux du bassin sont remplacées par des joncs. Les deux dés de pierre qu'on voit près de la fontaine de la Pyramide, supportaient deux beaux vases de marbre blanc , dont on a orné depuis le nouveau bosquet connu sous le nom de Jardin du Roi. Le long de la charmille qui termine ce parterre au nord, on voit huit statues, qui sont, en commençant du côté du château :

Le Poëme héroïque, par Drouilly, sous la figure d'un jeune héros, couronné de lauriers.

Le Phlegmatique, par l'Espagnandel. On pourrait l'appeler également, et même avec plus de raison, le Mélancolique, d'après l'expression de sa physionomie. Près d'elle est une tortue, symbole de la lenteur, qui est le propre du caractère phlegmatique.

L'Asie, par Roger : elle est caractérisée par le vase d'encens qu'elle tient et le turban qui est à ses pieds.

Le Poëme satirique, par Buyster, figuré, non par un Satyre, comme cela devrait être, et comme le dit Piganiol, mais par un Faune.

L'Hiver, par Girardon : c'est un vieillard enveloppé d'un manteau, qui se découvre le dos et se chauffe les mains. A cette bizarrerie près, qui caractérise à la fois le froid et le chaud, c'est une fort belle statue.

L'Eté, sous la figure de Cérès, par Hutinot.

L'Amérique, par Guérin, ou l'Afrique, si l'on veut, car on trouve dans cette figure de femme l'un et l'autre caractères ; le premier, dans les flèches dont elle est armée, les plumes

dont elle est coiffée, et la tête d'homme qui
roule à ses pieds ; le second, dans la figure de
négresse dont l'a gratifiée l'artiste, et le croco-
dile qu'il lui a donné pour attribut.

Enfin, l'Automne, par Regnaudin, sous la
figure d'un fort beau Bacchus.

Au-dessous de la fontaine de la Pyramide,
sont les Bains de Diane, bassin carré qu'on
nomme aussi Cascade de l'allée d'eau. Le principal côté, plus exaucé que les autres, est orné
d'un bas-relief en bronze, par Girardon, représentant les nymphes de Diane qui se baignent.
Il est couvert par une belle nappe, et placé au
milieu de quatre mascarons qui jettent de l'eau.
Deux autres faces de ce carré ont aussi leurs
bas-reliefs exécutés par Lehongre et Legros.

A l'est de ce bassin, est une belle statue, de
Jouvenet, couronnée de raisins, avec un bouc
pour symbole : à ces traits, qui ne croirait reconnaître Bacchus ? Mais qui pourrait jamais y reconnaître le *Sanguin ?* C'est Piganiol qui nous
le dit ; sans doute l'artiste le lui a dit à lui-
même : il faut bien l'en croire, comme tous les
auteurs qui l'ont répété unanimement après lui.
Sans cette autorité, n'apercevant pas nous-mêmes ce qu'ont de commun les caractères de
cette statue avec le tempéramment sanguin,

nous n'y aurions vu qu'un Bacchus, ou bien un flûteur, puisqu'il joue de la flûte.

A l'ouest des Bains de Diane, le Sanguin a pour pendant le Colérique, ouvrage d'Houzeau, dont le symbole est un lion placé entre ses jambes.

Immédiatement après ces deux statues et les Bains de Diane, s'ouvre l'allée d'eau qui va nous conduire, par une descente douce, aux deux bassins du Dragon et de Neptune. Elle est bordée d'ifs, de chaque côté, et partagée en deux plate-bandes de gazon, sur chacune desquelles sept jolis groupes de trois enfans, fondus en bronze, sont posés debout, au milieu d'un bassin de marbre blanc. Ils portent sur leur tête un second bassin en marbre de Languedoc, du milieu duquel jaillit un bouillon, qui s'étend et retombe en nappe dans les deux bassins. Ces groupes sont de Legros, Lemoine et le Rambert.

Des deux côtés de l'allée d'eau sont les deux bosquets fermés de l'Arc de Triomphe à droite, et des Trois-Fontaines à gauche, qui, très-ornés autrefois, offrent à peine aujourd'hui quelques vestiges de leur ancienne magnificence. Seulement celui de l'Arc-de-Triomphe a conservé un de ses groupes représentant la France triomphante, l'Espagne soumise, et l'Empire vaincu : ces figures sont, la première de Tuby, la seconde de Prou, et la troisième de Coysevox, toutes trois d'après les dessins de Lebrun.

Outre les quatorze groupes de l'allée d'eau, on en voit huit autres, par Mazeline et par Buiret, dans la demi-lune que forme la charmille, en s'arrondissant des deux côtés devant le bassin du Dragon.

Ce bassin tire son nom du dragon ou serpent Python qui le décorait autrefois, entouré de quatre dauphins et d'autant de cignes. Il ne reste plus, de ces embellissemens, que le grand jet qui sortait de la gueule du dragon, et qui ne sort plus aujourd'hui que d'un simple tuyau. Il s'élève à 33 pieds par les eaux ordinaires, à 85 par les grandes eaux, et fixe peu l'attention, malgré cette hauteur prodigieuse, près du bassin de Neptune, qui développe, en face, son magnifique fer à cheval et ses magnifiques jets.

C'est, sans contredit, la plus belle de toutes les pièces d'eau qui décorent le parc de Versailles. Elle se présente d'abord par une longue tablette sur laquelle s'élèvent, de distance en distance, vingt-deux grands vases, exécutés en plomb bronzé, et enrichis de reliefs.

Du milieu de chacun de ces vases s'élance,

10

à une grande hauteur, un jet dont l'eau retombe dans un canal ou chéneau qui borde cette tablette, et duquel s'élèvent aussi 23 jets ; c'est en tout 45 (1), figurant autant de cierges d'eau, tant sur la tablette que dans le canal.

Contre la paroi de cette tablette, sont adossés trois immenses et majestueux groupes en plomb, qui reposent sur autant de platéaux de la même matière. Celui du milieu représente Neptune et Amphitrite, accompagnés de nymphes, de Tritons et de monstres marins. Le dieu des eaux, assis dans une vaste conque, ayant sa tête colossale ombragée de la peau d'un monstre marin, dont la gueule vomit derrière lui une large nappe d'eau, lance, d'un air courroucé, son redoutable trident, soit pour calmer, soit pour exciter les flots de la mer. Ce grand morceau de sculpture, dont nous supprimons nombre de détails, est d'Adam l'aîné.

Le groupe qu'on voit, à droite, est Protée qui garde les troupeaux de Neptune, par Bouchardon ; et celui qui est à gauche, l'Océan appuyé sur un narval, par Lemoine. Aux deux angles de la tablette, sont deux piédestaux

_____

(1) Et non 63, comme le dit Piganiol ; encore moins 75, comme le dit M. Dulaure.

sur lesquels reposent d'énormes dragons, montés chacun par un Amour. Ces deux groupes sont de Bouchardon : ils vomissent, ainsi que les trois autres, et surtout celui du milieu, un déluge d'eau, augmenté encore par les huit grands jets qui s'élèvent du milieu du bassin, indépendamment des 45 de la tablette.

Après avoir considéré ces derniers, et les mascarons et les coquilles qui les accompagnent, du milieu de la demi-lune qui termine l'allée d'eau, il faut, pour jouir de tout l'ensemble de cette superbe scène d'hydraulique, parcourir les deux jolies allées demi-circulaires, l'une inférieure, l'autre supérieure, qui entourent le bassin du côté du nord. Il présente, dans cette face, un théâtre antique, dont la tablette et le canal figurent l'avant-scène (*le proscénium des anciens*); le bassin en représente la scène, et le talus de gazon qui s'élève, en amphithéâtre, dans le pourtour, les gradins destinés aux spectateurs. C'est surtout au moment où les grandes eaux jouent, qu'un innombrable public rassemblé sur ce talus, rappelle parfaitement l'effet des théâtres antiques.

Cette belle forme est due au crayon de l'ingénieux Lenôtre, qui a laissé au siècle de Louis XV le soin d'embellir son ouvrage. Les

artistes, auteurs des groupes que nous venons
de décrire, appartiennent à ce dernier siècle,
qui, dans le château, les jardins et le parc de
Versailles, s'est plus d'une fois montré le rival,
et quelquefois l'égal de celui qui l'a précédé.

Dans l'allée supérieure qui environne, au nord,
et domine ce bassin, on a placé trois statues,
savoir : à droite, Bérénice tenant un rouleau,
d'autres disent Uranie, par l'Espingola ; à gauche, Faustine en Cérès ; par Freméry, toutes
deux d'après l'antique ; et au milieu, en face
de l'allée d'eau, la Renommée écrivant la vie
de Louis XIV, dans le livre de l'histoire que
soutient le Tems : elle foule aux pieds l'Envie,
qui de la main gauche la tire par la robe pour
l'empêcher de continuer, et de l'autre tient un
cœur qu'elle déchire. Parmi les trophées qui
l'accompagnent, on distingue les médailles d'A-
lexandre, de César, de Trajan, etc. Ce superbe
groupe a été fait à Rome, par Dominico Guidi,
sur les dessins de Lebrun.

Du bassin de Neptune on peut regagner le
parterre d'eau, par les deux allées des Trois-
Fontaines et des Ifs, qui sont à la suite l'une de
l'autre ; la première, portant le nom du bosquet qu'elle longe à l'est, n'offre que l'agrément
de l'ombrage ; la seconde, tirant le sien des ifs

ée
lfs.
qui la bordent, est une des deux rampes déjà
mentionnées, par lesquelles on descend du parterre d'eau dans celui du nord. Elle longe, au
levant, ce dernier, dont elle est séparée par une
tablette en marbre blanc, ornée de quatorze vases
de même matière; à l'ouest, elle longe la charmille du bosquet nommé Bains d'Apollon. Dans
le carrefour qui la précède, sont des Termes, au
nombre de cinq, tous plus ou moins beaux.

Ulysse, par Magnier, tenant la fleur que lui
donna Mercure, pour le garantir des enchan-
temens de Circé;

Lysias, orateur grec, par Dedieu;

Théophraste, philosophe, par Hurtrelle;

Isocrate, autre orateur, par Granier;

Apollonius, précepteur de Marc-Aurèle, par
de Mélo.

Le long de la charmille des Bains d'Apollon,
sont rangées les statues suivantes:

Le Poème pastoral, sous la figure d'une ber-
gère, par Granier. Elle tient une syrinx et un
bâton pastoral, ce qui, joint au caractère de sa
figure, d'ailleurs fort belle, lui donne quelque
chose de mâle.

La Terre, par Massou, avec un lion, une
couronne de fleurs et une corne d'abondance.

La Nuit, par Raon. Elle est couronnée de

pavots ; un flambeau est dans sa main , un hibou à ses pieds , et la bordure de sa robe est parsemée d'étoiles.

L'Afrique , par Cornu : c'est une négresse coiffée d'une trompe d'éléphant ; un lion lui lèche les pieds.

L'Europe , par Mazeline. Elle est coiffée d'un casque et appuyée sur un écu où l'on voit un cheval en bas-relief.

Les deux suivantes , Vénus et Diane , sont déjà décrites (p. 133) , avec la fontaine de Diane , devant laquelle elles se trouvent placées.

Nous voilà revenus dans le parterre d'eau , au même point où nous nous sommes arrêtés à contempler la magnifique percée qui forme la perspective occidentale du château (V. p. 134). Nous allons maintenant la parcourir, en examinant avec détail tous les ornemens et monumens qui l'embellissent.

Parterre de Latone.   Le premier objet qui se présente est le parterre de Latone , qu'embrassent , à droite et à gauche , deux rampes douces et gazonnées, formant une espèce de fer à cheval. Du côté du parterre, qu'elles dominent, elles sont bordées par des ifs ; du côté de la charmille, qui les domine elle-même , sont rangées des statues que nous allons faire connaître successivement;

en descendant par un côté, pour remonter par l'autre, et commençant par celui du nord.

La première est l'Air, figuré par une femme debout sur des nuages, ayant un aigle et un caméléon pour symbole. Elle retient avec grâce son voile légèrement enflé par l'air. Cette belle statue est de Lehongre.

La seconde est le Mélancolique, par Laperdrix, qui lui a donné pour attribut un livre, une bourse, et un bandeau sur la bouche, « afin de marquer, dit Piganiol, que les personnes qui sont de ce tempéramment aiment ordinairement l'étude, l'argent et le silence. » M. Laperdrix avait grand besoin de cette explication, dont il est l'auteur sans doute, comme de ces étranges emblêmes. On n'avait jamais imaginé jusque-là que l'avarice fût un des attributs de la mélancolie.

La troisième est Antinoüs, par Lacroix;

La quatrième, Tigrane, roi d'Arménie, par l'Espagnandel;

La cinquième, un jeune Faune, jouant de la flûte, par Hurtrelle;

La sixième, Bacchus, par Granier;

La septième, Faustine en Cérès, par Regnaudin;

La huitième, l'empereur Commode, sous la figure d'Hercule, par Coustou;

La neuvième, Uranie, par Freméry;

Et la dixième, Ganimède avec Jupiter déguisé en aigle, par Laviron.

Ces huit dernières statues sont d'après l'antique.

En face du beau groupe de Ganimède et Jupiter, on voit, à gauche, une statue plus belle encore; c'est la Nymphe à la coquille, d'après l'antique, par Coysevox. Elle dispute à la Vénus pudique l'honneur d'être le chef-d'œuvre de ce grand sculpteur, et la plus belle statue du parc. La Nymphe, nonchalamment inclinée, s'appuie sur la main gauche, et de la droite elle puise de l'eau avec une coquille. Son joli corps est couvert d'un tissu léger qui, collé en partie sur la peau, dessine les plus belles formes qu'il soit possible d'imaginer. Elle est placée sur un piédestal, au bout de la tablette qui borde cette terrasse.

Ici finissent, avec la rampe, les statues qui la décorent. Cinq Termes leur succèdent, savoir:

Cérès couronnée d'épis et de fleurs, par Poullier;

Diogène, par l'Espagnandel;

Puis, en tournant à gauche, un Faune couronné de pampres, par Houzeau;

Une Bacchante avec un tambour de basque, par Dedieu;

Un Hercule, par Lecomte..

A l'extrémité de la charmille, est un superbe groupe qui représente Arie et Pétus, d'après l'antique, par l'Espingola ; et immédiatement après, dans la même encoignure, coupée en fer à cheval, le groupe non moins estimé de Persée délivrant Andromède, par Puget. Si nous n'avions eu déjà occasion de relever les graves incohérences où est tombé ce célèbre sculpteur, dans son bas-relief d'Alexandre et Diogène (V. p. 81), nous ne pourrions concevoir, de la part d'un si grand artiste, le défaut de proportion qu'on remarque entre la petite taille d'Andromède et la stature presque gigantesque de Persée, qui ne semble tenir qu'un enfant dans ses bras. Cette jolie enfant, d'ailleurs, est parfaitement modelée.

Ce n'est pas sans intention que Puget a donné à son héros la figure de Louis XIV, en dédiant le groupe à ce monarque par l'inscription suivante :

LUDOVICO MAGNO

Sculpebat et dicabat ex animo

PETRUS PUGET,

Massiliensis.

En face de ce groupe qui est à l'angle de l'allée royale, dite le *Tapis-Vert*, on voyait autrefois, de l'autre côté de la même allée, le

chef-d'œuvre de Puget, son Milon de Crotone.
Il enrichit aujourd'hui le Muséum de Paris,
où on l'a transporté de nos jours, pour le sous-
traire aux injures de l'air. Le piédestal qui le
portait attend encore un autre pendant du
groupe de Persée.

Celui qui suit, correspondant à Pétus et Arie,
représente Castor et Pollux, d'après l'antique,
par Coysevox.

Les cinq Termes qui succèdent, répondent
à ceux que nous venons de voir du côté opposé, et représentent :

Le fleuve Achéloüs tenant la corne d'abondance, par Mazière ;

Pandore avec sa boîte, par Legros, d'après
Mignard ;

Mercure, par Vanclève ;

Platon tenant le médaillon de Socrate, par
Rayol ;

Et au bas de la rampe du sud, par laquelle
nous allons remonter au parterre d'eau, Circé,
par Magnier.

A gauche, au bout de la tablette qui borde
cette rampe, est le Gladiateur mourant, copié
d'après l'antique, par Mosnier, et faisant le
pendant de la Nymphe à la coquille. A droite,
du côté de la charmille, est une copie de

l'Apollon Pythien , par Mazeline ; et à la suite,
en remontant la rampe ,

Uranie , par Carlier ;

Mercure , par de Mélo ;

Artinoüs , par Legros ;

Silène , portant Bacchus dans ses bras , par
Mazière ;

Vénus Callipige , par Clairion ;

Tiridate , Roi d'Arménie , par André.

Ces six dernières statues sont d'après l'antique.

Le Feu , sous la figure d'une femme qui a
une salamandre près d'elle , et tient un vase
rempli de feu , par Dozier , d'après les dessins
de Lebrun ;

Le Poème lyrique , tenant une lyre , par
Tuby , également sur les dessins de Lebrun ;

Enfin le Point du Jour , symbolisé par l'étoile
qu'il a sur la tête , et le coq qui est à ses pieds,
par Marsy. Nous avons déjà vu que cette dernière donne son nom à la fontaine du combat
d'animaux , dont elle est séparée par la charmille.

Entre les deux rampes que nous venons de
parcourir , s'ouvre un large perron par où l'on
descend plus directement du parterre d'eau dans
celui de Latone. Au haut et des deux côtés
de cet escalier , sont deux grands et beaux
vases de marbre blanc , portant l'emblème de

Louis XIV, l'un, à gauche, par Drouilly; l'autre, à droite, par Dugoulou.

Cet escalier conduit à une terrasse qui se développe en demi-lune devant le bassin ovale de Latone, et se termine, à chaque extrémité, par deux autres escaliers plus petits, qui descendent dans une autre terrasse formant le pourtour de cet élégant bassin.

Sur la première, sont quatre vases de marbre, ornés de pampre et de guirlandes, par Grimaud et autres élèves de Rome; sur la seconde, on en compte huit, dont trois répètent le sacrifice d'Iphigénie, et trois une fête à Bacchus, sujets copiés tous deux à Rome, d'après l'antique, par Cornu, s'il faut en croire les auteurs (1). Les deux autres représentent, l'un, Mars enfant, sur un char tiré par des loups, et précédé des Génies de la guerre, par Hardy; l'autre, le même dieu, couronné de lauriers par les mêmes Génies, et assis sur des trophées, par Prou.

Au centre de ce pourtour et du bassin, s'élève, sur plusieurs gradins étagés en pyramide, le joli

_____

(1) Il nous semble plus probable que ce sont trois élèves de Rome qui ont envoyé chacun une étude du même sujet.

groupe de Latone avec ses deux enfans, Apollon et Diane, par Marsy. La déesse implore la vengeance de Jupiter contre les paysans de Lycie, qui lui avaient refusé de l'eau et troublé celle où elle cherchait à se désaltérer ; ceux-ci déjà métamorphosés, les uns à moitié, les autres totalement, en grenouilles ou en tortues, sont rangés au bord des divers étages de gradins, d'où, justement punis par où ils avaient péché, ils vomissent et lancent sur elle des torrens d'eau. Les gradins sont en marbre rouge, le groupe en marbre blanc, et les paysans-grenouilles en plomb bronzé.

Aux deux côtés de la pyramide, deux gerbes de trente pieds de haut s'élancent de l'intérieur du bassin, auquel succèdent deux petits parterres de fleurs, ayant eux-mêmes chacun leur petit bassin avec groupes et jets d'eau ; mais on y fait peu d'attention, près des bassins, du groupe et des jets que nous venons de décrire. Entre les deux, une rampe douce nous mène directement à l'allée Royale, plus connue sous le nom du *Tapis-Vert*. C'est la plus belle du parc et la plus fréquentée des promeneurs. Nous l'avons eu déjà en perspective et admirée du haut de la rampe qui descend du parterre d'eau dans le parterre de Latone.

Elle doit son nom de Tapis-Vert au long et large gazon qui en occupe le milieu, et qu'on s'étonne de voir toujours frais, quoique toujours foulé. Cette allée magnifique est bordée de 12 vases et 12 statues, alternant de deux en deux dans l'ordre suivant :

Côté du midi.	*Côté du nord.*
Vase orné de quadrille, par Poultier.	Vase orné de quadrille, par Herpin.
La Fidélité, par Lefèvre, avec un chien à ses pieds.	La Fourberie, par Lecomte, d'après Mignard.
Vénus sortant du bain, par Legros.	Junon, statue réputée antique.
Vase orné de cornes d'abondance, par Ragot.	Vase orné de cornes d'abondance, par Barrois.
Vase orné de tournesols, par de Mélo.	Vase orné de tournesols, par Drouilly.
Faune portant un chevreuil, par Flamen, d'après l'antique.	L'empereur Commode, sous la forme d'Hercule, par Jouvenet.
Didon sur son bûcher, par Poultier.	Vénus de Médicis, d'après l'antique, par Freméry.
Vase orné de tournesols, par Slodtz père.	Vase orné de tournesols, par Legeret.
Vase uni, par Joly.	Vase uni, par Arcis.
Amazone, d'après l'antique, par Buirette.	Cyparisse caressant son cerf, par Flamen.
Achille, par Vigier : il est déguisé en fille, et se dé-	Arthémise, reine de Carie, tenant la coupe où elle a

Suite du côté du midi.	*Suite du côté du nord.*
cèle à Ulysse par la préfé- ren ce qu'il donne aux armes sur les bijous.	mêlé les cendres de Mau- sole, son époux, par Le- fevre et Desjardins.
Vase orné de couronnes de chêne et de laurier, par Hardy.	Vase orné de couronnes de chêne et de laurier, par Hardy.

L'allée du Tapis-Vert se termine au bassin d'Apollon, le plus grand du parc, après celui de Neptune, dont les superbes groupes ont pu seuls effacer celui du dieu du jour, représenté sortant du sein des eaux, dans le centre du bassin auquel il a donné son nom.

Le char est traîné par quatre coursiers, au milieu d'un peuple de Tritons, de dauphins et de monstres marins. Ce groupe est en plomb; il a été fondu par Tuby, sur les dessins de Le-brun. Le vulgaire, qui lui a donné le nom de *Charriot embourbé*, faute de savoir ce qu'il représente, semble, par cette expression, nous en révéler le défaut. La gerbe du milieu est très-considérable; elle s'élève à 57 pieds, et les deux autres à 47. Les trois réunies, quand les grandes eaux jouent, couvrent tout le groupe et une partie du bassin, d'un nuage de poussière humide, qui fait un effet admirable dans le lointain.

Au-delà commence la pièce d'eau appelée le *Grand Canal*, sur laquelle se prolonge si heureusement le point de vue.

Dans le pourtour du bassin, on compte vingt-quatre statues ou groupes, dont douze au nord, et douze au midi, savoir, n commençant par celles du nord :

Aristée liant Protée à un rocher composé de quelques pierres empilées, qui semblent prêtes à s'écrouler sur les deux pasteurs, au moindre mouvement ; et ils ne peuvent manquer d'en faire beaucoup, surtout Protée en se débattant. Ce groupe est de Slodtz père.

La nymphe Syrinx, couronnée de roseaux, Terme, par Mazière ;

Jupiter armé de son tonnerre, Terme, par Clairion ;

Junon, Terme, par le même ;

Vertumne, Terme, par Lehongre ;

Le vieux Silène, statue présumée antique ;

Plus loin, en traversant l'allée d'Apollon, un piédestal sans figure ;

Orphée ayant Cerbère à ses pieds, et jouant du violon ; on n'a pas besoin d'observer que cet Orphée, joueur de violon, n'est pas antique, et l'on se demande pourquoi son auteur (Franqueville) a préféré cet instrument de nos jours à la lyre d'Orphée ;

La Clarté, d'autres disent l'Abondance, statue antique;

Deux piédestaux nus;

Ensuite, en traversant l'intervalle qui sépare le bassin de Neptune du grand canal, et revenant par le côté du midi,

Junon, statue antique;

Deux piédestaux nus;

La Victoire, statue antique;

Deux piédestaux nus;

Enfin, après avoir passé de nouveau l'allée d'Apollon,

Bacchus, statue antique;

Pomone, Terme, par Lehongre;

Bacchus, Terme, par Raon;

Flore, Terme, par Arcis et Mazière;

Le dieu Pan, Terme, par Mazière;

Le groupe d'Ino se précipitant dans la mer avec son fils Mélicerte, par Granier.

Nous avons traversé le parc, dans son milieu, en parcourant l'allée du Tapis-Vert, qui le sépare en deux parties presque égales; nous allons maintenant en parcourir l'intérieur, en commençant par la partie du midi.

Les premiers objets qui s'y présentent, sont les deux bassins de l'Hiver et de l'Automne, qui correspondent, le premier au Printems, le se-

cond à l'Eté, placés dans la partie du nord.
Au milieu de chacun de ces bassins, est un
groupe en plomb bronzé, caractérisant la saison
à laquelle il appartient. Celui de l'hiver représente Saturne à moitié couché au milieu d'un
groupe d'enfans qui jouent avec des poissons,
des crabes, des coquilles ; ce dieu tire d'un
sac une pierre pour la manger. Il faut se tour-
menter un peu l'imagination, pour voir, dans
ce groupe de Girardon, d'après Lebrun, les
emblêmes de l'hiver ; je dirai plus, pour ne point
les trouver ridicules, il ne faut pas moins que
le respect qu'inspirent les noms de ces deux
grands artistes. Ceux de l'Automne, par Marsy,
d'après le même, sont mieux caractérisés. C'est
Bacchus à moitié couché au milieu d'un monceau de raisins, et entouré de petits Satyres.
Ces deux bassins sont dans une large allée qui,
parallèle à celle du Tapis-Vert, porte le nom
d'allée de Bacchus et de Saturne.

Bosquet
du Roi.   Sur la droite de cette allée principale, nous
trouvons d'abord, près du bassin de l'Hiver ou
de Saturne, le bosquet du Roi, où l'on a tâché
de copier celui de la maison d'Hartewell, qu'occupait S. M. Louis XVIII en Angleterre.

Aux deux angles du cintre qu'il forme vers
l'ouest, sont placées extérieurement les deux

statues colossales de l'Hercule-Farnèse et de Flore, d'après l'antique, la première par Cornu, la seconde par Raon.

Dans l'intérieur, agréablement dessiné à l'anglaise, se dérobent, à droite et à gauche de l'entrée, au milieu de deux cabinets de verdure, deux vases de marbre, enrichis d'excellens bas-reliefs qui représentent, le premier une Bacchanale, le second un mariage antique, et copiés tous deux à Rome par Grimaud. Ils étaient placés jadis sur les dés de pierre que nous avons remarqués près de la fontaine de la Pyramide (p. 141). Un gazon frais et velouté, comme ceux que je me rappelle avoir admirés en Angleterre, forme, au milieu de ce jardin, un tapis délicieux, bordé de touffes d'arbres et d'arbrisseaux, entre lesquels serpente l'allée qui sert de promenade. A une extrémité de ce gazon, s'élève, sur une colonne de marbre de Languedoc, et d'ordre corinthien, une jolie statue de Flore. Des fleurs et des arbustes de toute espèce, tant exotiques qu'indigènes, parfument l'air, et achèvent la décoration de ce parterre, qui attend encore, dit-on, de nouveaux embellissemens, entre autres un obélisque à la place de la colonne, et un bassin de marbre, avec gerbe, au milieu du gazon. Ce jardin n'est ouvert au public que le soir, avant le coucher du soleil.

Bassin
du Miroir.

En face de l'entrée est la pièce d'eau, dite *Bassin du Miroir*, qui tire son nom de sa forme cintrée. Il n'a d'autre ornement que les deux gerbes d'eau qui l'alimentent, et le talus gazonné qui l'entoure à moitié vers l'est, en forme d'amphithéâtre. Le dessinateur de ce bassin, en l'entourant ainsi d'un talus demi-circulaire, a-t-il su qu'il nous donnait un demi-échantillon des lacs formés par les cratères des volcans, tels que celui d'Albano, près de Rome, le lac Averne, près de Naples, le lac Pavin, près du Mont-d'Or en Auvergne; et qu'en complettant le cercle, il eût completté la ressemblance?

Sur la terrasse, également cintrée, qui règne dans le pourtour, sont placées quatre statues regardées comme antiques : une Vestale, une Vénus, un Apollon et une Impératrice.

Bosquet
de la Reine.

En continuant à nous diriger de l'ouest à l'est, et prenant, entre les allées qui aboutissent au cintre du bassin, celle du milieu, nous arrivons directement au bosquet de la Reine, agréable jardin semi-anglais, peuplé d'arbres étrangers. Dans le milieu est un carré nommé Salle des Tulipiers, du nom des arbres qui l'ombragent, et au centre du carré, un vase en granit, accompagné de quatre vases en bronze, placés sur les côtés, en forme de cruches antiques. C'est un des bosquets fermés où l'on ne peut entrer qu'en s'adressant aux gardiens, qui en ont la clé.

Traversant l'allée de Bacchus, en face de ce bosquet, nous trouvons celui de la Salle de Bal, ainsi nommée à cause des bals que la cour y donnait quelquefois dans la belle saison. Elle est parfaitement ovale ; le milieu forme une espèce d'arène où s'exécutaient les danses, et l'enceinte un amphithéâtre, d'un côté en talus de gazon, de l'autre en gradins de rocailles et de coquillages. Ce dernier produit un charmant effet quand les eaux jouent, par les nappes liquides et brillantes dont le couvrent et le tapissent un grand nombre de jets de bouillons et de gerbes ; ce qui fait ressortir l'éclat, ainsi que la variété des rocailles et des coquillages, dépouillés de toute illusion, lorsque les eaux ne les animent point. Alors on ne voit que de petites pierres et des coquilles qui, attachées et suspendues par des fils de fer, ont quelque chose de mesquin et quelque ressemblance avec des colifichets d'enfans, sans en excepter trois cuvettes brillantées de nacre de perle. Les torchères et vases en plomb jadis doré qui décorent cet amphithéâtre, sont de Houzeau, Massou et Lehongre.

Quinconce
du midi.

Au sortir et au nord-ouest de la Salle de Bal, qu'on nomme aussi *Salle de la Cascade*, nous trouvons le quinconce du midi, faisant le pendant de celui du nord, placé de l'autre côté du Tapis-Vert. C'est une grande salle de verdure, décorée de huit Termes, dont quatre autour de la pièce de gazon qui est au milieu, et quatre sous les maronniers qui l'ombragent. Les premiers sont, en entrant du côté du parterre de Latone et commençant à droite, Pomone, Hercule, Flore et Vertumne; les autres, adossés à la charmille, sont, un autre Hercule, une Bacchante, le Dieu des Jardins et Pallas. Tous ces Termes ont été exécutés par divers sculpteurs sur les dessins du Poussin. Le vase orné de trophées et d'instrumens pastoraux qu'on voit dans un enfoncement de la charmille, est de Robert.

Bosquet
de la
Colonade.

Au sud et à peu de distance de ce quinconce, on trouve le bosquet fermé de la Colonade. Elle est composée de 32 colonnes, partie en brèche violette, partie en marbre de Languedoc, partie en bleu turquin, qui, placées circulairement, répondent à autant de pilastres, tous en marbre de Languedoc. Les colonnes, comme les pilastres, sont d'ordre ionique, et réunies entre elles par des arcades qui supportent une corniche surmontée d'un attique : 32 vases de marbre blanc, répondant à chaque colonne, forment le couronnement de ce bel ouvrage de Jules-Hardouin Mansard. Sur les impostes sont des bas-reliefs représentant des jeux et des amours, parfaitement exécutés, par Mazière, Granier, Lehongre et Lecomte.

Sous les arcades sont 28 grandes cuvettes, également en marbre blanc, de chacune desquelles sort un jet, dont les eaux produisent autant de nappes et de cascades, en retombant dans le chéneau creusé circulairement au-dessous pour les recevoir.

Au milieu de l'arène est le beau groupe de l'Enlèvement de Proserpine, par Girardon, d'après Lebrun ; sur le piédestal rond qui le supporte, sont représentés, en bas-relief, trois scènes de la même fable.

Tout près et au sud-ouest de ce bosquet fermé, est la petite salle ouverte, nommée Salle des Maronniers, ou mieux des Antiques, à cause des dix bustes et statues antiques qu'elle renferme, savoir :

D'un côté : les quatre bustes d'Apollon, d'Alexandre le grand, d'Othon et de Marc-Aurèle, séparés par la statue en pied d'Antinoüs. De l'autre : ceux d'Antonin, de Septime - Sévère,

d'Octavien et d'Annibal, séparés par la statue
de Méléagre.

C'est, dans ce parc, les seules figures dont
les noms soient inscrits au bas, et la principale
réunion d'antiques qu'il renferme, si toutefois
ce sont des antiques, ce qu'on peut également
nier ou affirmer. La statue d'Antinoüs est en
neuf ou dix morceaux; l'extrémité inférieure du
torse formant un seul bloc avec les cuisses, est
tout ce qu'elle nous paraît avoir d'incontestablement antique. Son pendant Méléagre est en quinze
morceaux, tant grands que petits, en comptant
la tête, qui cependant ne lui est pas bien claire-
ment étrangère, pouvant avoir été trouvée
près du tronc ; son nez rapporté semble venir
à l'appui de cette conjecture. Le buste d'Apollon, le plus intact de tous, en est aussi le plus
beau. La tête d'Alexandre est rapportée, et la
figure tellement ignoble, qu'on a peine à la
reconnaître pour celle du conquérant de l'Asie.
Le nez écorné de celle de Marc-Aurèle a été
complété par un bout de nez tellement moderne, que, joint à ses moustaches et à ses
favoris à la française, il rendrait méconnaissable
l'empereur romain, si l'on ne lisait son nom au
bas. La tête d'Antonin est parfaitement caractérisée et parfaitement antique. Il en est de
même de celle d'Octavien et d'Annibal.

Nous avons vu tout ce qui est à voir dans la partie méridionale du parc ; passons maintenant, en traversant le Tapis-Vert , dans la partie septentrionale. Nous y trouverons d'abord les deux bassins du Printems et de l'Eté , faisant le pendant de ceux de l'Automne et de l'Hiver , que nous venons de décrire dans la partie méridionale. Le premier, celui du Printems , est représenté par Flore qu'entoure une troupe d'enfans tenant des guirlandes de fleurs. Le second nous offre l'Eté , sous la figure de Cérès , couronnée d'épis et entourée d'enfans jouant avec des fleurs qui croissent parmi les blés. Ils sont tous deux exécutés en plomb bronzé , d'après les dessins de Lebrun , celui de Flore par Tuby , celui de Cérès par Regnaudin. Ces deux bassins ont chacun une gerbe d'eau , comme ceux de Bacchus et de Saturne , et donnent , comme ces derniers , le nom de leurs divinités respectives à l'allée dans laquelle ils sont placés.

Deux allées transversales coupent à angle droit celle des Saisons , et portent elles-mêmes les noms , l'une du Printems et de l'Hiver, l'autre de l'Eté et de l'Automne. C'est aux quatre points d'intersection que se trouvent les quatre bassins.

Entre celui de Flore et celui d'Apollon , est

un grand carré de verdure, traversé en diago-
nale par une allée qui va de l'un à l'autre.
L'un des deux triangles qu'elle forme par sa
direction renferme le bosquet rond et fermé des
Bosquet Dômes, dont la principale entrée est par le
des Dômes. Tapis-Vert. Il tire son nom de deux petites
rotondes couvertes en dôme, dont on ne voit
plus, au moment où nous écrivons, que la
place et les débris, dans deux enfoncemens qui
se font face : ils ont été détruits en 1820, mais
pour être rétablis.

Le milieu de ce bosquet est occupé par un
bassin octogone, entouré d'une balustrade, dont
les balustres sont en marbre blanc, et l'appui
en marbre de Languedoc. Cet appui est creusé
en goulotte, où circulent et s'écoulent les eaux
qu'y versent, d'espace en espace, de petits bouillons qu'on voit sortir d'autant de coquilles. La
grosse gerbe du milieu s'élève à 70 pieds.

Autour règne une terrasse ornée aussi d'une
balustrade qui diffère de l'autre, en ce que c'est
l'appui qui est en marbre blanc, et les balustres
en marbre de Languedoc. La plinthe et les pilastres de cette dernière balustrade sont couverts
de quarante-quatre bas-reliefs fort estimés, représentant les armes anciennes et modernes,
employées par les différentes nations de l'Eu-

rope, ouvrage de Girardon, de Mazeline et de Guérin.

Autour et dans l'intérieur de l'enceinte, sont rangées circulairement huit statues de marbre blanc, savoir, en commençant par la droite :

Une nymphe de Diane portant les filets de cette déesse, et caressant sa levrette, par Flamen ;

Flore, par Magnier ;

Amphitrite tenant une écrevisse, par Augier ;

Arion jouant de la lyre, par Raon ;

Ino, devenue la nymphe Leucothoé, tenant un aviron, par Rayol ;

Le Point du Jour, sous la figure d'un jeune homme qui a un flambeau à la main et un hibou à ses pieds, par Legros ;

La nymphe Galathée, par Tuby ;

Le berger Acis, son amant, jouant de la flûte, par le même.

in
lade.
L'autre triangle renferme le bassin d'Encelade, qui est rond et entouré d'une enceinte octogone. Le milieu est occupé par un monceau de rochers, au centre desquels Encelade, l'un des géans foudroyés par Jupiter, avec les monts qu'ils avaient entassés pour escalader les cieux, laisse voir sa large main, sa tête énorme et ses énormes épaules, au-dessus des débris

sous lesquels le reste de son corps est écrasé ; débris figurés par des cailloux qui pourraient à peine faire quelques contusions au géant, et dont il lui serait aisé de se débarrasser par la moindre secousse. Cette tête et la partie du corps qui se voit sont fort bien exécutées par Marsy. La bouche vomit un jet de 60 pieds de haut et d'un volume extraordinaire. La main jette aussi de l'eau, ainsi que les cailloux.

De ce bassin, encombré de roseaux et autres plantes aquatiques, on peut, en repassant par celui de Flore, gagner le quinconce du nord, qui fait le pendant de celui du midi, décrit plus haut (p. 66). Il est également orné de huit Termes, dont quatre placés aux quatre angles du gazon qui en occupe le milieu, et quatre adossés à la charmille qui en forme l'enceinte.

Quinconce du nord.

Les quatre premiers sont :

L'Abondance, suivant les uns, Pomone, suivant les autres. Elle tient deux cornes d'abondance, l'une remplie de raisins et de fruits, l'autre de pièces de monnaie qu'elle répand.

Un Satyre jouant de la flûte ;

Flore couronnée de fleurs ;

Un Faune prétendu antique.

Et les quatre autres :

Cybèle portant une corne d'abondance dans sa main, et des tours sur sa tête ;

Hygie ou la Santé, avec une couronne de lierre, une aiguière, une coupe, une vipère et une peau de lion ;

Cérès couronnée d'épis ;

Enfin l'Hiver enveloppé dans son manteau.

Ce dernier, fort bien exécuté, est de Théodon ; les autres sont de différens sculpteurs, d'après les dessins du Poussin.

Sortant de ce quinconce, par la principale entrée qui est au levant, en face du parterre de Latone, on trouve, à gauche, celle du bosquet d'Apollon, le plus agréable de tous ceux que renferme le parc. Sa beauté ne consiste point dans les ornemens symétriques de l'art : ici tout est nature, c'est un véritable jardin anglais. Un énorme rocher, de la forme la plus pittoresque, de la masse la plus imposante, sans cacher parfaitement les traces de la maçonnerie dont il est composé, n'y produit pas moins une illusion si complète, qu'il est difficile de s'en défendre. J'ai cru revoir quelques-unes de ces roches sauvages et majestueuses que m'ont offertes les diverses montagnes où j'ai voyagé.

Au milieu, s'ouvre une vaste grotte que

paraissent soutenir de lourdes colonnes grossiè-
rement ébauchées ; c'est l'entrée du palais de
Thétis, dont les nymphes s'empressent de servir Apollon, au moment où il vient se reposer
des fatigues du jour dans les bras de la déesse.
Deux d'entre elles se disposent à lui laver les
pieds, une troisième lui verse de l'eau dans un
bassin : trois autres sont debout derrière lui ;
l'une prend soin de ses cheveux, et deux tiennent des vases à parfums. Elles sont toutes
belles comme le dieu même qu'elles servent ;
leurs attitudes sont gracieuses et naturelles, et
leurs humides draperies si légères, qu'elles dérobent à peine les charmes de la nudité. Laissons à d'autres le soin de nous apprendre qu'elles
sont en marbre blanc ; que les trois premières,
ainsi que le dieu, sont le chef-d'œuvre de Girardon, les trois dernières de Regnaudin ; pour
moi, je ne vois ici que la nature, et si j'aperçois
l'art, c'est comme cherchant à la rivaliser, en
l'embellissant.

A droite et à gauche de ce magnifique groupe,
en sont deux autres qui l'accompagnent merveilleusement, l'un de Guérin, l'autre de Marsy.
Ce sont, dans l'un comme dans l'autre, les
chevaux du Soleil abreuvés par des Tritons :
on en voit deux qui se battent ; l'un mord la

croupe de l'autre qui se cabre : un Triton lève un bras nerveux pour les retenir.

Cet ensemble forme le plus parfait morceau de sculpture qui soit à Versailles. Qu'ils devaient faire un mauvais effet , les trois baldaquins de métal doré qui couvraient dans l'origine ces trois groupes ! Les seuls baldaquins qui leur conviennent sont les voûtes rustiques de la grotte.

Les nappes d'eau qui s'échappent en torrens des diverses parties du rocher, ajoutent, au ton sauvage et naturel que lui a imprimé M. Robert, dessinateur de ce bosquet, un mouvement et un bruit qui semblent l'animer, avec une fraîcheur délicieuse, augmentée encore par le petit lac que forment toutes ces cascades au pied du rocher. C'est ainsi que s'échappent les eaux des grottes de Sassenage en Dauphiné (V. route de Paris à Turin , p. 109), et des grottes de Roya en Auvergne (V. route de Paris à Beaucaire , p. 172). Des arbres de haute tige , parmi lesquels il en est beaucoup d'étrangers , ombragent le reste de l'enceinte et jusqu'au sommet du rocher.

Des siéges et un tapis de gazon offrent , en face de ce rocher , de ces cascades, de ces groupes et de ce lac , d'agréables repos aux curieux qui se plaisent dans la contemplation de la belle nature , et des beaux - arts qui n'en sont que l'imitation.

Tel est le bosquet des Bains d'Apollon : il n'en est aucun où l'on s'arrête avec plus d'enchantement. On est devant des chefs-d'œuvre de sculpture, dans l'enceinte de la plus magnifique habitation de l'Europe, et l'on se croirait à mille lieues du monde habité, au sein de la nature même, qu'on s'imagine prendre en quelque manière sur le fait. On dit que la construction de ce rocher a coûté des sommes énormes, qui auraient suffi pour construire plusieurs palais.

Après avoir remonté, de l'ouest à l'est, le côté méridional de cette partie des jardins, nous allons en redescendre, de l'est à l'ouest, le côté septentrional, en commençant par le Rond-Vert, boulingrin circulaire, entouré d'une charmille, dans laquelle sont ouvertes quatre niches de verdure remplies par les quatre statues suivantes, ouvrage de divers artistes, d'après l'antique :

Rond-Vert.

Diane caressant sa levrette ;

Bacchus couronné de raisins ;

Et deux Faunes jouant des cymbales.

Le bosquet qui entoure ce boulingrin est entouré lui-même d'une allée quadrangulaire, aux angles de laquelle sont trois niches de verdure et un petit bassin ovale. Des trois niches, deux seulement sont remplies, l'une par un groupe, d'après l'antique, représentant un Satyre, et un berger qui joue de la syringe; l'autre, par un très-beau buste prétendu antique, en marbre blanc, avec tunique en marbre portor. On veut reconnaître dans le groupe, les uns le Satyre Marsyas montrant à Olympe à jouer de la syringe; les autres, du nombre desquels est Montfaucon, le dieu Pan montrant la musique à Apollon. Quant au buste, placé depuis peu, il n'est encore mentionné que par le *Cicerone*, qui ne nous apprend autre chose, sinon que c'est un buste en marbre, et par M. Charles Piquet, qui nous dit de plus que c'est une tête d'Adrien, confondant sans doute cet empereur avec son mignon Antinoüs, dont la belle tête peut seule avoir été le modèle de ce magnifique buste.

Le bassin est décoré d'un groupe de six jolis enfans en bronze, jouant dans une petite île qui en occupe le milieu. Deux sont détachés, et nagent avec une grâce tout-à-fait enfantine. Nous avons le regret d'ignorer, avec tous les auteurs, le nom de celui à qui nous devons ce charmant groupe, qui ne peut appartenir qu'à l'un de nos meilleurs sculpteurs. Une gerbe sort à gros bouillons du milieu de ce bassin, et s'élève à 48 pieds.

12

C'est, de tous les bassins du parc, le plus petit, le plus solitaire, le plus ombragé; c'est aussi celui au bord duquel j'aimais le plus à me reposer. Un banc enfoncé dans une niche de verdure m'y invitait; la rosée du jet d'eau venait expirer à mes pieds, en rafraîchissant le feuillage qui m'ombrageait. Le même ombrage couvre aussi le bassin, dont les eaux ne reçoivent les rayons du soleil qu'autant qu'elles vont les chercher au haut des airs. Le silence mystérieux qui règne dans cette étroite enceinte de verdure, n'est interrompu que par le gazouillement des oiseaux qu'il attire, et par le murmure de l'eau qui s'élance et retombe. Trois allées, sans largeur et peu fréquentées, en sont les uniques avenues. Ainsi quelques passans troublent, d'intervalle en intervalle, les rêveries que ce frais réduit inspire, ou les tendres sermens qu'il favorise.

Salle de l'Etoile. Continuant notre direction de l'est à l'ouest, nous entrons d'abord dans la Salle de l'Etoile, ainsi nommée à cause de la figure pentagonale de l'allée qui l'entoure. En se plaçant au centre des rayons qui aboutissent aux angles du pentagone, on voit, au bout de quatre d'entre eux (le cinquième étant occupé par une allée transversale), les quatre statues antiques, ou

d'après l'antique, de Mercure, d'Uranie, d'A-
pollon et d'une Bacchante, placées dans autant
de niches de verdure. Au-delà de cette allée,
en est une autre qui l'embrasse circulairement,
et qui présente encore quatre niches, dont les
deux seules occupées renferment, l'une le
groupe de Ganimède et Jupiter métamorphosé
en aigle, l'autre une statue restaurée, qu'on
croit être un Bacchus.

de
que L'allée qui traverse l'Etoile, en partant du
petit bassin des Enfans, se prolonge jusqu'à
celui de l'Obélisque, qu'elle traverse de même,
pour aller se terminer à l'allée d'Apollon, où
se terminera aussi notre description du parc.
Le bassin de l'Obélisque est ainsi nommé, à
cause de la forme que prennent dans les airs
les cent jets dont il se compose, d'où lui vient
encore le nom des Cent Tuyaux. Ils jaillissent
tous d'un massif de roseaux en plomb, groupés
autour d'un jet principal, qui s'élance d'un bassin
supérieur, d'où l'eau retombe dans un autre,
par des gradins formant autant de nappes et
de cascades.

Il ne nous reste plus rien à décrire dans les
jardins, le parterre et le parc de Versailles.
Nous avons vu que, là comme dans l'intérieur, tout est grand comme le grand monar-

que, et somptueux comme sa cour. Si, dans le palais, tout est or, marbre et peinture, dans les jardins, tout est marbre, bronze et sculpture, indépendamment du charme, sans cesse reproduit, des ombrages touffus et des eaux de toute part jaillissantes. Les Pujet, les Coustou, les Coysevox, les Girardon, et une foule d'autres célèbres sculpteurs s'y sont disputé, avec le prix du talent, les hommages de la postérité. Un plus grand nombre d'artistes sans nom nous ont étonnés, en méritant aussi nos applaudissemens, auprès de ces grands maîtres, dont ils se montrent souvent les dignes rivaux.

Une seule de ces belles et innombrables statues, un seul de ces beaux et innombrables groupes suffiraient ailleurs pour captiver l'admiration : ici, elle ne sait où se reposer, au milieu de tant de richesse et de magnificence, ayant à se partager entre les chefs-d'œuvre de sculpture et ceux de la nature, soumise aux règles de l'art par le célèbre dessinateur des jardins, André Lenôtre. Il fut pour ceux de Versailles ce que furent Jules-Hardouin Mansard pour l'architecture, et Charles Lebrun pour la peinture. C'est à lui que nous devons la plupart de ces jets, de ces gerbes, de ces cascades, enfin tous ces jeux des eaux qui, reproduits, sous mille formes, convertissent, pour ainsi dire, la nature morte en nature vivante, en animant tout-à-coup une multitude de scènes, muettes sans elles et comme privées de vie par le repos et le silence : elles la recouvrent, avec le mouvement, aussitôt que les eaux jouent, ce qui n'a lieu que rarement, à certains jours de fête, pour les grandes eaux, et tous les premiers dimanches de mois, pendant l'été, pour ce qu'on appelle les petites eaux. Ce sont autant de spectacles hydrauliques qui, très-recherchés des Parisiens, les attirent en foule, lorsqu'on en est prévenu par les journaux. Alors tout est mouvement dans le parc ; à celui des eaux se joint celui de la multitude des promeneurs qui courent, d'un bassin à l'autre, repaître tour à tour leurs regards de la variété des effets, et remplacer sans cesse leurs jouissances par des jouissances nouvelles.

SUPPLÉMENT

AU CHAPITRE PRÉCÉDENT.

GRAND ET PETIT TRIANON.

Façade du grand Trianon.

L'ADMIRATION n'est pas encore épuisée, tant que nous n'avons pas vu le grand et le petit Trianon. Ces deux maisons royales, situées à une extrémité du parc, sont si riches en objets intéressans, que, pour les voir tous et les bien voir, il faut encore près d'une quatrième journée. Les amateurs peuvent la passer toute entière sur les lieux, ayant la facilité d'y prendre leurs repas, à toute heure et à des prix très-modérés, chez Verdonal, Suisse du petit Trianon, et restaurateur à la carte.

Parvenus à l'allée d'Apollon, qui termine, à l'ouest, la première enceinte du parc, nous tournons à droite, pour aller gagner la double avenue de ce double château. On entre par la grille qui se présente à gauche, et l'on arrive au grand Trianon, le principal des deux, le seul qui puisse mériter le titre de château.

Il semble que les arts aient voulu réaliser,

en le formant, un de ces palais enchantés dé-
crits par les poètes. Rien de plus galant et de
plus magnifique à la fois, rien de plus ravissant
que ce séjour, qui rappelle aux amateurs du
Tasse celui de la voluptueuse Armide. La façade
offre l'apparence d'un palais de marbre, tant
cette riche matière y est prodiguée. Elle n'a
que le rez de chaussée. Deux ailes en retour
d'équerre, terminées par deux pavillons, sont
réunies entre elles par une galerie qui figure la
façade principale. Cette galerie, ou façade,
éclairée par sept grandes portes vitrées et cintrées, présente, dans son milieu, huit colonnes
ioniques de marbre campan; dans sa longueur,
quatorze pilastres du même ordre et de marbre
de Languedoc, dont huit répondent aux colonnes. Les deux ailes sont décorées de dix-sept
pilastres chacune.

On voit avec surprise que tous les chapiteaux
sont en pierre, sans nuire à l'effet de l'ensemble.
Le tout est couronné d'une frise en marbre de
Languedoc, et d'une balustrade en pierre, qui
était couronnée jadis elle-même de vases et de
groupes, détruits depuis long-tems, quoique toujours indiqués dans la plupart des descriptions.
De distance en distance, brillent des panneaux
du même marbre. Cette balustrade entoure un

comble à l'italienne, semblable à celui du château de Versailles.

Intérieurement la galerie est décorée par quatorze colonnes de marbre de Languedoc et d'ordre ionique, du côté de la cour; par autant de pilastres du même ordre et du même marbre, du côté des jardins. Elle était auparavant à jour; Bonaparte y a fait adapter les vitrages qu'on y voit à présent.

Intérieur du grand Trianon.

Pavée en marbre blanc et noir, et plafonnée en plâtre, par compartimens denticulés, elle sert de vestibule aux deux ailes, où se trouvent renfermées les diverses salles, moins remarquables par leur élégance que par les tableaux qu'elles renferment. Nous ne les décrirons point, parce qu'ayant été souvent changés, ils sont sujets à l'être encore.

On remarque avec surprise, dans la première pièce à droite, dite des Gardes-du-Corps, une statue de Minerve, près d'un autel caché derrière une espèce de devanture de placard qui, en s'ouvrant, convertit cette salle en chapelle. Dans la seconde, nous avons admiré un magnifique portrait de Louis XV, en tapisserie des Gobelins; dans un autre, un petit relief en agate, trouvé parmi les ruines d'Herculanum, et représentant une cérémonie religieuse;

sans parler de deux tables, d'une grande cu-
vette et de quatre cippes en malachite. Cette
pierre précieuse, que nous fournissent, en si
petits échantillons, les mines de cuivre du Nord,
forme ici, à elle seule, presque tout l'ameuble-
ment d'une salle. Enfin, la dernière nous
présente quatre vues de Versailles, dont la
plus frappante est celle du bassin de Neptune, avec tous ses jets d'eau. Notre indica-
teur nous y a fait remarquer aussi un curieux
effet d'acoustique, en plaçant l'un de nous à
un coin de la salle, et lui faisant entendre, au
travers du lambris, ce qu'il disait à voix basse
dans l'angle opposé.

La galerie de peinture, à laquelle cette salle
sert de vestibule, renferme un grand nombre de
tableaux, mobiles comme ceux des appartemens, et par cette raison, sujets de même à
changer. Il ne peut donc entrer dans notre plan
d'en donner la nomenclature, encore moins la
description. Un portrait du comte de Toulouse
encore enfant, sous la figure d'un Amour qui
dort, par Mignard; une ferme villageoise, par
Lépicier, et les trois ambassadeurs de Maroc,
au spectacle, charmante miniature de Coypel;
tels sont les morceaux qui m'ont fait le plus
d'impression dans cette galerie.

Parmi les sculptures, je ne citerai qu'un joli Cupidon en marbre blanc, qui joue avec un papillon et une rose ; les nombreux modèles de navires qu'on y a réunis méritent aussi d'être mentionnés. Ils sont figurés avec une perfection et des proportions telles qu'on croirait les voir dans leurs dimensions naturelles : le plus grand représente l'Océan, vaisseau de ligne à trois ponts. On en compte au moins vingt de tout bord, c'est comme une petite flotte.

Dans les appartemens de derrière, on admire, entre deux belles vues flamandes, un magnifique tableau de neige, par César Vanloo : jamais l'hiver n'a été peint avec tant de vérité.

L'appartement de l'aile gauche renferme aussi plusieurs tableaux de l'école moderne, dont les sujets et les auteurs ne peuvent être indiqués que par les gardiens, et c'est une tâche dont ils ne manquent jamais de s'acquitter. La dernière de ces pièces est magnifique : c'est un salon entièrement revêtu de glaces.

Les jardins du Grand Trianon ne sont point montrés par les indicateurs du château, mais par ceux du Petit Trianon, avec lequel les met en communication un bosquet particulier, placé entre les deux. Les embellissemens de ce bosquet sont un petit bassin rond, avec

Jardins du grand Trianon.

groupe d'enfans en plomb, une cascade avec un enfant en bronze, et une petite statue d'Atalante luttant à la course.

De là on arrive au bassin du Laocoon, ainsi nommé à cause du groupe qui en fait l'ornement principal. Cette copie, en marbre blanc, du plus beau morceau de sculpture qui nous reste de l'antiquité, est de Tuby. Au milieu du bassin, qui est de forme oblongue et cintrée, on voit un groupe en plomb représentant un jeune Satyre qui joue avec une panthère, par Marsy.

Ce bassin conduit et touche à celui de l'Amphithéâtre; il doit ce nom à la forme ascendante et demi-circulaire du terrain qui l'entoure. Dans le fond est une colonne de marbre, surmontée du buste d'Alexandre; et dans le milieu, un bassin circulaire avec quatre nymphes en plomb, par Hardy. La charmille qui dessine cet amphithéâtre est entrecoupée de niches de verdure, garnies de bustes représentant divers personnages de l'antiquité, dont les noms sont la plupart inscrits au bas. La salle des Maronniers, qui lui succède, offre une longue pièce de gazon que termine à chaque bout un bassin orné de groupes d'enfans en plomb. Sur un des côtés est une statue d'Apollon, par Lefèvre.

Vient ensuite la cascade, en marbre de Languedoc et en rocailles. Elle rappelle, par sa forme, celle de St.-Cloud, qu'elle est loin d'ailleurs d'égaler en beauté. Dans le bassin supérieur est le groupe de Neptune et Amphitrite, par Vanclève, et dans celui de dessous, un relief en bronze, représentant la naissance de Vénus, par le même. Des deux côtés sont les deux statues de Louis XV et de la reine Marie Leczinska, son épouse, par Coustou.

Tout près de là, est le bassin circulaire du *Rond d'eau*,, orné de Tritons et d'un Amour en plomb, et un peu plus loin, celui du *Platfond* ou du Miroir, le plus beau du grand Trianon. Ce bassin est divisé en supérieur et inférieur. Le premier offre, dans son milieu, un groupe d'Amours, et sur ses bords, deux dragons, le tout exécuté en plomb, par Hardy. Dans son pourtour, on voit une assez médiocre copie du Rémouleur antique. Le second bassin renferme, dans l'intérieur, deux groupes d'enfans qui jouent avec des crabes et des coquilles; dans le pourtour, deux statues antiques et des vases.

Traversant la plantation du grand quinconce, on arrive au *parterre bas ;* le milieu est occupé par un bassin octogone, qui a pour or-

nement un enfant en plomb, entouré de raisins, par Marsy; et de là au *parterre haut*, où
sont deux bassins circulaires, avec groupes
d'enfans également en plomb, par Girardon.
Six vases enrichis de sculptures, concourent à
la décoration de ces deux parterres, qu'embellit encore plus la façade du château. Elle offre,
vue de ce côté, la figure irrégulière d'un Z,
en se plaçant à la distance et dans le point de
vue convenables.

Des bosquets en labyrinthe, magnifiquement
distribués et percés, occupent les derrières, et
forment le complément des jardins du grand
Trianon. On n'est pas dans l'usage de les montrer, quoiqu'ils renferment néanmoins divers
ornemens, répandus dans cinq salles de verdure. La première qui se présente est la *Salle
ronde*, entourée de six piédestaux, dont deux
sont en ce moment dégarnis; les autres portent
quatre statues : une Dame romaine, antique;
un Faune, d'après l'antique, par Foggini; une
Minerve et un berger, par Bertin.

Peu éloignées de celles-là, et attenantes l'une
à l'autre, la *Salle de Mercure* et celle des *Deux-
Vases* renferment un Mercure, une Dame romaine et une Diane, d'après l'antique; celles
de la *Table* et des *Trois-Salons*, également

contiguës, une table de marbre, deux piédestaux sans figures, une Minerve et une Flore
drapées en marbre noir, d'après l'antique, et
une Vénus de Médicis. Aux deux bouts de
l'Allée Verte sont encore deux statues, d'après
l'antique, dont une représente un guerrier tenant
son épée de la main gauche. Au bout d'une autre
allée, on voit le château de Roquencourt, ancienne propriété de Mesdames, devenue celle
de M. Doumerc.

Pavillon du petit Trianon.

Le grand Trianon n'est grand que par comparaison avec le petit, simple pavillon de forme
carrée et de cinq croisées de face. Bâti avec goût
en belle pierre de taille, sur les dessins de
Gabriel, il est décoré de pilastres cannelés,
d'ordre corinthien. Son comble à l'italienne
est bordé d'une balustrade, que couronnaient
jadis et ne couronnent plus aujourd'hui les
vases et groupes indiqués comme existant toujours, par la plupart des auteurs.

On ne remarque, dans l'intérieur, que le
boudoir de la Reine, dont les murs peints en
blanc sont couverts de riches arabesques, et
sa chambre à coucher, dont le plafond est,
comme la tapisserie, drapé en étoffe de soie
bleue. Le joli lit, garni de mousseline brodée
en or, qu'on y voit, n'a servi qu'à l'impératrice Marie-Louise.

. Les constructions insignifiantes, formant les dépendances de ce pavillon, renferment une petite chapelle qui n'a rien de remarquable.

Ce qu'on admire dans le petit Trianon, n'est pas cet édifice, mais son jardin anglais, vrai modèle de paysage et de nature. Ce qu'on admire le plus dans ce jardin, n'est pas la jolie rotonde du temple de l'Amour, ni le joli groupe qu'elle renferme, représentant ce dieu et sa mère, par Vassé (1), encore moins le pavillon octogone, nommé *Salon de Musique de la Reine*; mais bien la beauté des arbres, la plupart étrangers, parmi lesquels domine un jeune cèdre du Liban, la fraîcheur des gazons, le jeu des eaux qui s'épanchent en ruisseaux limpides, les coteaux sinueux, verdoyans et ombragés où ils serpentent en murmurant, le vallon solitaire où ils se réunissent; enfin le village pittoresque où l'on montre, avec le modeste château du seigneur, les manoirs plus modestes encore du bailli et du curé. Un petit lac et un petit moulin, une laiterie où les tables sont toutes en marbre, aussi blanc que le lait auquel elles sont

---

. (1) Il a remplacé la belle statue de l'Amour, chef-d'œuvre de Bouchardon, que les auteurs continuent à indiquer comme toujours en place.

consacrées (1), et la tour de Malborouch, aussi hardie qu'élégante dans sa simplicité, concourent à l'embellissement de ce lieu romantique.

Un peu plus loin est la ferme aux Vaches Suisses. Près du kiosque déjà mentionné sous le nom de Salon de musique de la Reine, est une grotte des plus sauvages, où notre guide ne nous a conduits que sur notre réclamation, en prétextant l'obscurité de la grotte qui en rend le trajet difficile et dangereux. Cette difficulté est réelle, mais le danger est imaginaire.

Jardin français. Attenant à ce jardin anglais, et entre les deux châteaux, est le jardin français, qui semble vouloir lutter avec lui de beauté; mais il est vaincu dans cette lutte inégale : la nature reprend ici sa supériorité, que nous avons vue presque balancée par les efforts de l'art, dans les jardins de Versailles.

Je ne décide point entre Kent et Lenôtre,
Ainsi que leurs beautés tous les deux ont leurs lois;
L'un est fait pour briller chez les grands et les rois.
Les grands sont condamnés à la magnificence,
On attend autour d'eux l'effort de la puissance;
On y veut admirer, enivrer ses regards
Des prodiges du luxe et du faste des arts.

_____

(1) Les pavés sont en carreaux de marbre blanc et noir.

L'art peut donc subjuguer la nature rebelle,
Mais c'est toujours en grand qu'il doit triompher d'elle :
Son éclat fait ses droits ; c'est un usurpateur,
Qui doit obtenir grâce à force de grandeur.

DELILLE , Poème des Jardins.

Ce jardin français , qui offre , par ses distri-
butions , une promenade fort agréable , n'est
montré par les indicateurs qu'autant qu'on le
leur demande. Il est orné d'un pavillon , de
forme curieuse , à l'italienne , c'est une salle à
manger d'été ; et de quatre bassins , au milieu
desquels sont des groupes en plomb , représentant des enfans qui jouent avec des poissons
et des oiseaux aquatiques. Une allée qui sépare
les deux jardins , conduit à une jolie petite salle
de spectacle. A peu de distance de là , est un
grand et beau réservoir , qui fournit toutes les
eaux du grand et du petit Trianon.

Après avoir achevé de parcourir, avec nous,
cette double maison royale, nos lecteurs ne se-
ront pas fâchés d'apprendre qu'avant la construction du château de Versailles, Trianon était
un village dépendant des moines de Sainte-Gé-
neviève , desquels Louis XIV l'acheta en 1663,
pour l'enclore dans son parc. Il fit abattre l'é-
glise avec les maisons du village, et bâtir sur
l'emplacement un château de fantaisie, qui fut

d'abord appelé Palais de Flore , parce que
les parterres avaient été destinés à rassembler
toutes les espèces de fleurs connues ; il a successivement été occupé par Louis XIV , Louis
XV et Louis XVI.

Louis XV, qui s'y plaisait beaucoup, aimant
à vivre loin de l'étiquette de la cour , voulut
s'isoler encore davantage , en faisant bâtir le
petit Trianon. L'un des capitaines de sa garde,
qui s'occupait de botanique , lui inspira l'idée
de consacrer à cette science les jardins qui devaient accompagner le nouveau ; et bientôt les
jardins botaniques de Trianon devinrent célèbres par les expériences de Bernard de Jussieu ,
qui en était le directeur.

Louis XVI donna depuis la jouissance de ce
château et de ses dépendances à la Reine Marie-
Antoinette , qui les rendit encore plus agréables , en les rapprochant de la nature. Ce charmant jardin anglais , qui fut construit sous ses
yeux et presque sous sa direction , portait alors
le nom de Jardin de la Reine. Le plus bel éloge
qu'ait cru pouvoir en faire Delille , fut de
comparer l'ouvrage à l'auteur dans les deux
vers suivans :

Semblable à son auguste et jeune Déité,
Trianon joint la grâce avec la majesté.

Trianon est situé à l'extrémité du bras septentrional du grand canal, dont le bras opposé aboutit, en face, aux bâtimens de la ménagerie royale, partie détruits, partie convertis en ferme, depuis la révolution. L'un et l'autre sont enclavés dans le petit parc, pentagone irrégulier de 2400 toises de long sur 1600 de large ; le grand a, dit-on, 20 lieues de tour. Ces mesures, que je n'ai pas vérifiées, comme on le présume bien, m'ont été fournies par les auteurs, qui n'ont pu, ni les uns ni les autres, ainsi que les indicateurs et les habitans du pays, me faire distinguer, d'une manière claire, les deux enceintes. Quoi qu'il en soit, la dernière ne peut avoir vingt lieues qu'en comptant rigoureusement toutes les sinuosités ; car son plus grand diamètre n'étant que de trois lieues au plus, sa circonférence réelle ne saurait être évaluée à plus de neuf.

Il y a des républiques, même florissantes, qui sont moins étendues, comme il est des états, même puissans, dont toutes les possessions ne valent pas ce qu'ont coûté le château, les jardins et le parc de Versailles. Pour en dérober la connaissance, on dit que Louis XIV en jeta les mémoires au feu ; on dit aussi qu'ils s'élevaient à 1800 millions : les évaluations les plus modérées les portent toujours à plus d'un milliard. Oublions ces prodigalités, dont nous avons subi, et dont Louis XIV commença lui-même à ressentir les funestes effets, sur la fin de son règne. Oublions des trésors enfouis sous des monceaux de gloire et de magnificence, lorsque nous en avons enfoui tant, de nos jours, sous des monceaux de ruines. Oublions ce qui n'est plus, pour ne songer qu'à ce qui nous reste.

FIN DES ROUTES DE PARIS A VERSAILLES.

TABLE DES CHAPITRES

CONTENUS DANS CE VOLUME.

F I N.

ERRATUM.

Page 7 , en marge , Avenue de Paris , *lisez :* Grande avenue.

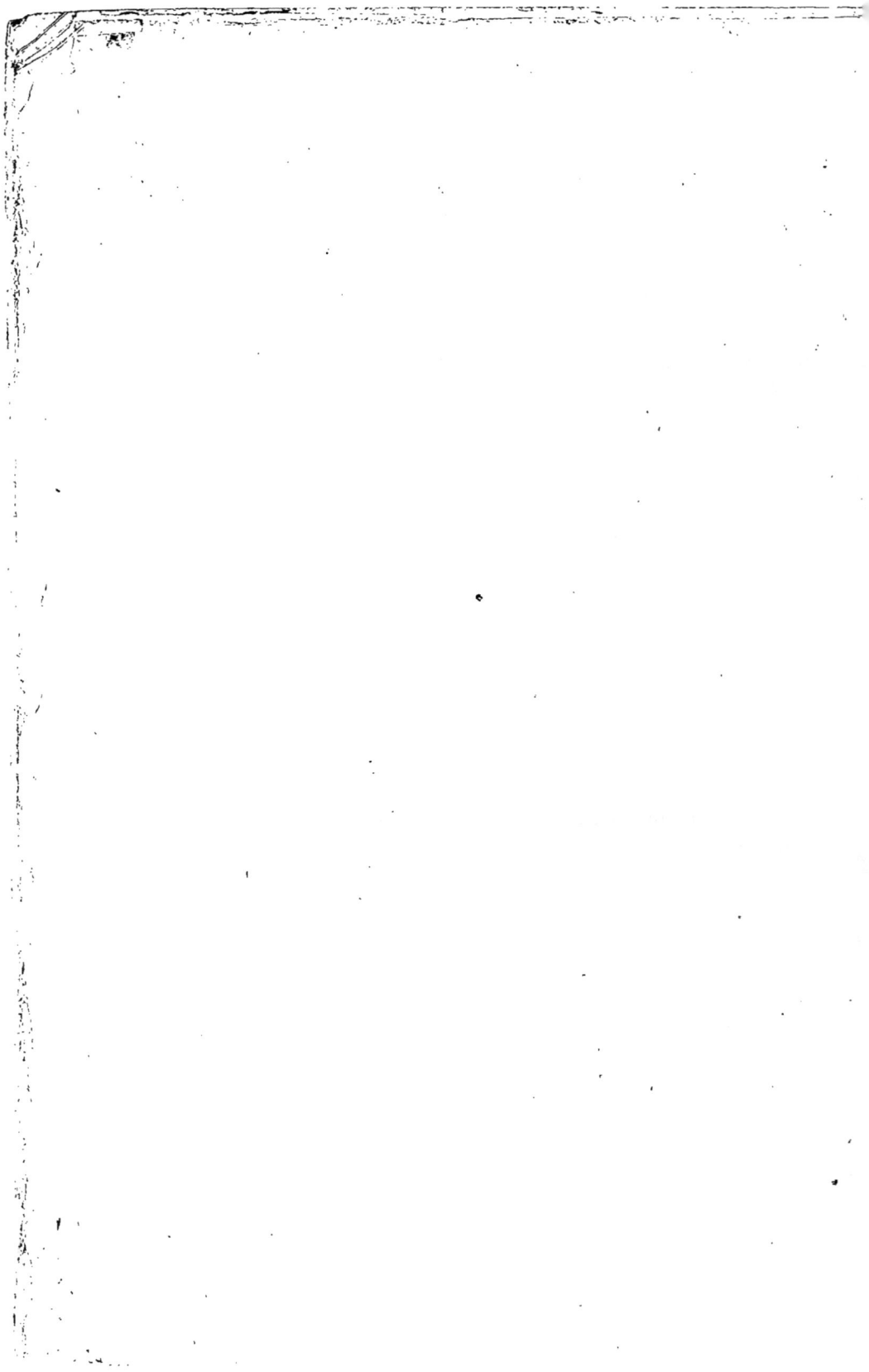

PLAN DE LA VILLE ET DU CHATEAU DE VERSAILLES.

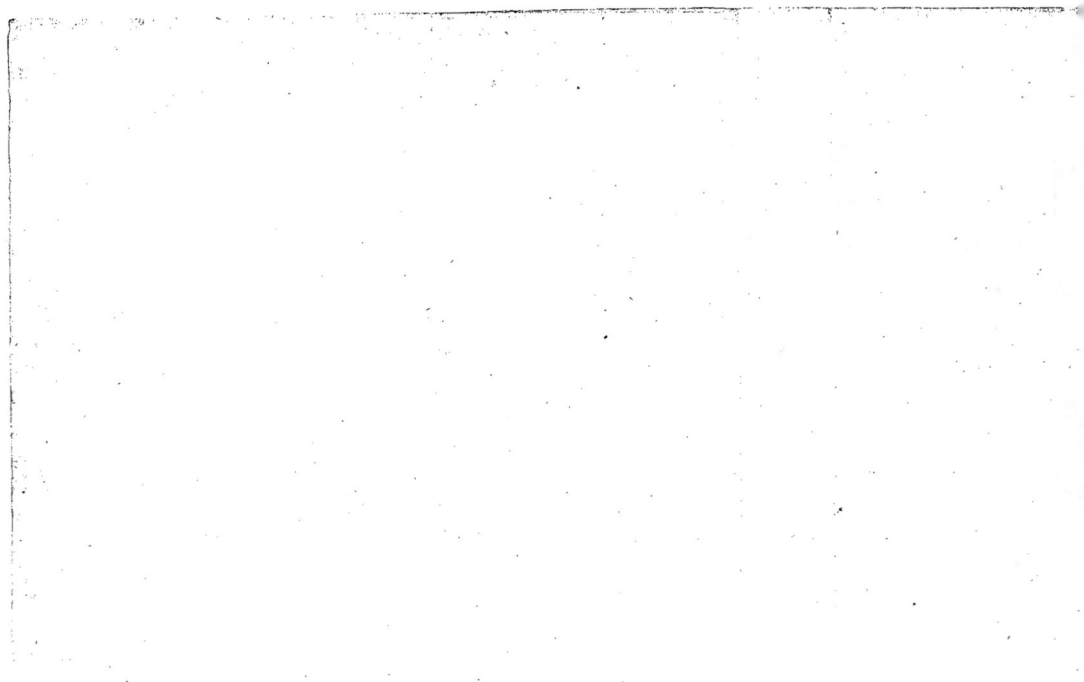

www.ingramcontent.com/pod-product-compliance
Lightning Source LLC
Chambersburg PA
CBHW071954090426
42740CB00011B/1933